나는 가톨릭 신자입니다

His way
An Everyday Plan for Following Jesus

David Knight
Tr. by **Cho Min Hyun**

Copyright © 1997 by David Knight
Korean translation copyright © 2012 by ST PAULS, Seoul, Korea

ST PAULS
20, Ohyeon-ro 7-gil, Gangbuk-gu, Seoul, Korea
Tel 02-9448-300, 02-986-1361 Fax 02-986-1365

국립중앙도서관 출판시도서목록(CIP)

나는 가톨릭 신자입니다 : 미국 꾸르실료의 대부 나이트 신부가 전하는 평신도 영성 / 데이비드 나이트 글 ; 조민현 옮김. — 서울 : 성바오로, 2012
  p. ;   cm

원표제: His way
원저자명: David Knight
영어 원작을 한국어로 번역
ISBN 978-89-8015-798-3 03230 : ₩15000

천주교[天主敎]
기독교 신앙 생활[基督敎信仰生活]

238.248-KDC5
248.482-DDC21   CIP2012003517

미국 꾸르실료의 대부
나이트 신부가 전하는
평신도 영성

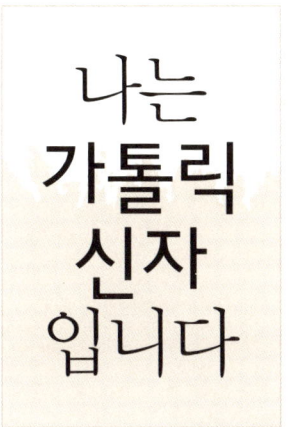

나는 가톨릭 신자입니다

데이비드 나이트 글 / 조민현 옮김

성바오로

모든 것 안에서
　　　하느님을 찾다

시작하는 글
계란과 캐비아

한 권의 책을 마치고 나면 마음에 안 드는 곳이 자꾸 떠오르기 마련인 듯합니다. 이 책의 집필을 마치면서도 큰 주제들만 중요하다고 잘못된 인상을 준 건 아닌지 염려가 됩니다. 아마도 예언자적 증거라든지 그리스도인의 사회 개혁과 같은, 신문 1면에나 나올 법한 거창한 말들을 많이 사용했기 때문인 것 같습니다. 하지만 이 책은 사회를 개혁하고 변화시키는 것에 대해서가 아니라, 예수 그리스도를 더 깊이 알고자 하는 것에 대해서 말하고 있습니다. 그것이 전부입니다. 예수 그리스도에 대해 깊이 알고 있는 사람들이 서로 도울 수 있다면 우리가 생각하는 것보다 훨씬 더 많은 것을 이룰 수 있기 때문입니다.

사람들이 스스로에 대해 보다 긍정적으로 바라보고 은총의 삶에 조금 더 가까이 다가가도록 돕지 못한다면 도대체 사회 개혁이 무슨 의미가 있겠습니까? 사회라고 하면 눈에 보이지 않는 어떤 것을 떠올리지만, 사실 내 옆에 있는 아내(남편), 나를 웃고 울게 만드는 아이들, 함께 일하는 직장 동료, 길거리 신문 가판대의 상인 등이 모두 우리의 실질적인 의미의 사회입니다.

만약 내가 주변 사람들에게 '그리스도가 되어 준다면' 그리스도께서는 나를 통해 삶의 크고 작은 사건들 속에 역사하실 것입니다. 바로 이것이 그리스도인의 사명 중 하나입니다.

그런데 사제인 제가 평신도 영성에 대해 무엇을 안다고 이렇게 나서는 것일까요? 제가 뭔가를 알고 있을 것처럼 보이나요? 물론 저는 평신도의 삶에 대해서, 어떻게 매일의 여정을 살아가야 하는지 잘 알지 못합니다. 아이는 어떻게 키우고, 부부 생활에서 일어나는 다양한 문제들은 어찌 풀어 나가야 하는지 어떠한 구체적인 해답도 갖고 있지 않습니다. 당연히 선거에서 누구를 찍으라는 등 훈계할 생각도 없습니다.

평신도 영성은 그런 것이 아닙니다. 평신도 영성은 무엇을 어찌어찌 하라고 시시콜콜 이야기하는 것이 아닙니다. 평신도 영성은 어떻게 살아야만 하느님께서 내 삶 안에 역사하시는지를 알려 주는 것입니다. 그러므로 저는 가르친다기보다는 방향을 제시할 뿐입니다. 예수 그리스도는 우리의 스승이시고, 우리는 모두 그분의 제자입니다. 요컨대, 이 책에서는 우리의 삶 어디에서 예수 그리스도를 찾을 것인지, 또 어떻게 그분과의 관계를 밝혀 확장해 나갈 것인지를 제시하고자 합니다. 그래서 인간 존재의 세 가지 측면, 즉 하느님과의 수직적 관계, 이웃과의 수평적 관계, 우리 자신과의 내적 관계를 다룸으로써 이 책 나름대로 평신도 영성을 빠짐없이 드러내고자 했습니다. 이 책은 단순히 내적 영성 생활이나 사도직에 관한 책이 아닙니다. 케이크를 예로 든다면 케이크의 어느 한 부분이 아니라 전체 덩어리를 제시하려는 것입니다.

이 책은 또한 단순하고 쉽게 읽을 수 있습니다. 영성 생활의 각종 덕목이나 실천 사항 등을 서술하는 책이 아니기 때문입니다. 이 책의 모든 내용은 기도, 생활 속에서의 회개, 공동체라는 세 가지 간단한 사실에 근거하고 있습니다. 이 세 가지를 이해한다면 신앙에 관한 모든 것이 저절로 따라올 것입니다.

끝으로 이 책은 평신도 영성의 독특하고 구체적인 성격을 적절하게 담아내고 있음을 강조합니다. 수도 단체들의 영성이 창립자의 카리스마에 따라 아무리 위대하다 할지라도 평신도의 영성이 그것을 모델로 삼는 데는 무리가 있습니다. 물론 성 프란치스코나 성 베네딕토, 성 도미니코, 성 이냐시오, 성 프란시스코 드 살 등 수도회의 창립자들의 영성은 평신도에게도 도움을 줍니다. 그러나 그것은 평신도 영성을 보완하거나 강화할 뿐, 본질적인 부분을 채워 줄 수는 없습니다. 평신도 영성이란 수도 단체들에 속함으로써 생겨나는 것이 아니라, 이 세상을 살아감으로써 이루어지는 것이기 때문입니다.

제2차 바티칸 공의회도 평신도에게 있어서 세속적 성격이 고유하고 독특함을 강조했습니다.

> "평신도들은 온갖 세상 직무와 일 가운데에서, 마치 그들의 삶이 짜여지는 것 같은 일상의 가정생활과 사회 상황 속에서 살아가고 있다."(교회 헌장 31)

이처럼 평신도는 세상과 근본적으로 연결되어 있다는 점이 바로 평신도 영성의 기본이 되는 것입니다.

작가 부커 워싱턴Booker T. Washington의 이야기 중에 이런 이야기가 있습니다. 증기선이 도입되었지만 여전히 바람에 의해 항해하는 범선이 더 많을 때의 이야기입니다. 남아메리카 해안의 무풍지대에서 범선 한 척이 오도 가도 못하고 있었습니다. 물이 떨어져 배의 선원들이 목말라하며 죽어가고 있을 때, 마침 증기선 한 대가 지나갔습니다. 선원들이 물을 좀 보내 달라고 증기선에 신호를 보내자, 그쪽 선원들은 양동이를 배 아래로 내려 물을 길으라는 신호를 보냈습니다. 범선의 선원들은 다시 신호를 보내 그들이 필요한 것은 바닷물이 아니라, 먹을 물이라고 전했습니다. 하지만 증기선에서는 여전히 그들이 정박한 자리에 양동이를 내리라는 신호만 보내올 뿐이었습니다.

마지못해 범선의 선원들이 양동이를 배 아래로 내렸다 올리자, 놀랍게도 바닷물이 아닌 맑은 물이 가득 차 있는 것이 아닙니까? 아마존 강의 맑은 물이 브라질 해변을 지나 80킬로미터 넘게 바다로 흘러나오고 있었던 것입니다.

정말 아마존 강물이 거기까지 흐르는지는 확실치 않지만, 이 이야기의 핵심은 평신도 영성의 원칙이나 지침과 일맥상통합니다. 곧 '목마름을 없애 줄 물을 구하기 위해서는 지금 자신이 서 있는 자리에서 양동이를 내려야 한다.'는 것입니다.

평신도 영성에 관한 이야기는 그 모델이신 예수님의 어머니 마리아를 바라보며 시작할 수 있습니다. 그분은 평신도였고, 어머니였고, 아내였습니다. 그분은 전 생애를, 「제2차 바티칸 공의회 문헌」에서 표현했듯이 평신도만의 고유 조건, 즉 평범한 가족과 사회생활 속에서 보냈습니다. 그분의 삶은 가족과 자신이 속한 사회에 그물처럼 엮여 있었습니다. 복음에 나타나는 그분의 모습은 집 나간 소년 예수를 찾아 나서고, 아들에게 저녁을 먹이려 애를 쓰며, 혼인 잔치에서 포도주가 떨어져 걱정합니다. 그 모습들을 통해 그분은 우리가 세상의 물질과 사람, 하느님의 아들이자 사람의 아들인 예수님을 어떻게 대해야 하는지 보여 줍니다.

복음에 예수님께서 산에 올라가 기도하시는 모습이 자주 나옵니다. 그러나 마리아가 그렇게 했다는 구절은 없습니다. 마리아는 항상 하느님께 기도했지만 그것이 산꼭대기는 아니었던 것입니다.

여기서 마리아의 삶의 특징을 볼 수 있습니다. 마리아는, 하느님께서 우리의 삶 속에서 일어나는 갖가지 사건이나 직접적인 말씀을 통해서 당신 자신을 드러내실 때 "이 모든 일을 마음속에 간직하고 곰곰이 되새겼던 것"(루카 2,19)입니다.

우리는 마리아가 항상 기도했다는 것을 압니다. 마리아는 하느님께서 그녀의 삶을 통해 말씀하시는 것을 원하고 기도했고, 매일매일 만나는 이들과 하루 일과, 주변 생활 속에서 그러한 기도의 삶을 드러냈습니다.

평신도 영성의 척도는 교회 안에서 개인적으로 체험하는 신심 행위에 있는 것이 아니라, 가정이나 직장 또는 여가 중에 그리스도의 삶의 자세와 가치를 반영하는 데 있습니다.

저는 사제품을 받고 사제가 되었습니다. 그리고 미사 때 빵과 포도주는 사제에 의해 성체와 성혈로 변화됩니다. 그런데 제가 아는 첫째 사제직은 바로 어머니의 사제직이었습니다(당시에는 몰랐지만). 그것은 곧 모든 믿는 이들 안에 존재하는 사제직입니다. 어머니가 바라보는 모든 것이 어머니의 신앙의 비전 안에서 변화되었고, 어머니가 만지는 모든 것이 하느님 앞으로 승화되어 갔던 것입니다.

어머니가 돌아가시고 나서 우연히 어머니의 일기를 찾아냈습니다. 일기는 신혼 시절부터 큰형이 태어날 때까지 적혀 있었습니다. 신혼 초에 어머니는 이렇게 썼습니다.

1926년 5월 쿠바의 아바나에서. 여행을 할 때마다 나는 왠지 슬픈 기분이 든다. 마치 인생에는 내 온몸으로 껴안을 수 있는 것보다 훨씬 더 많은 무언가가 있는 듯…. 나도 이제 나이를 먹고 늙어 가겠구나. 늘 결혼이란 나이를 먹어 성숙한 사람이 하는 것이라고 생각했으니까 말이다. 지금 내가 생각할 수 있는 것은, 내 청춘도 빠르게 사라지고 언젠가는 이 모든 것이 지나간 추억으로 남게 되리라는 것이다. 노인들이 왜 직관적으로 내세를 믿지 않는지 이해하기 어렵다. 인생을 충만하게 살아 온 이들이 어떻게 하늘나라에 대해 더 반기지 않고 부정적일까? 하지만 내게 있어서 하늘나라는 지금 당장의 목표가 아니다. 인생 어딘가에 내가 추구하고 찾아내야 할 아름다움이 있다는 느낌을 떨칠 수 없기 때문이다.

어머니는 예언자적이었습니다. 어머니의 손은 삶 자체를 쥐고 있었던 것입니다. 어머니가 추구하고 잡으려고 한 모든 것이 삶 안에서 거룩하게 변화되었습니다.

친한 친구 신부가 언젠가 파리에 사는 어머니를 방문한 일이 있습니다. 친구는 일이 늦게 끝나 피곤한 몸으로 귀가하는 길에 어머니의 아파트를 지나가게 되었다고 했습니다.

친구가 말했습니다. "어머니가 아직 주무시지 않고 계실 것 같아서 안으로 들어갔지. 그런데 무슨 파틴가를 하고 계시더라고. 나는 어머니한테 내가 좀 피곤하고 두통까지 있으니 포도주 한 잔에 계란 프라이 정도 해 주시면 좋겠다고 청했지. 그런데 어머니 대답이 '계란이라고 할 만한 건 캐비아밖에 없고 포도주 대신에 샴페인밖에 없는데, 괜찮겠니?'라고 하시더라고."

몇 년 후 '모든 것 안에서 하느님을 찾음'이라는 주제로 영적 독서를 한 적이 있습니다. 물론 살면서 모든 일 안에서, 만나는 사람들 속에서 하느님을 찾았지만, 제가 그것을 배운 것은 어머니의 인생을 살아가는 태도에서였습니다.

지금 저는 청빈과 순명과 독신의 삶을 살고 있습니다. 물론 그것이 어머니가 살았던 삶의 형태는 아닙니다. 하지만 어머니의 삶을 통해 저의 지금 삶이 준비되었다고 할 수 있습니다. 지금도 어머니의 말씀은 새로운 느낌으로 다가옵니다. "계란이라고 할 건 캐비아밖에 없고 포도주를 대신할 건 샴페인밖에 없단다." 생각해 보면 카나의 결혼식에서 마리아가 예수님께 드린 말씀이 바로 이것이 아닐까 싶습니다.*

---

* 저자는 세상 속에서 일상을 사는 평신도 영성의 고귀한 가치를 강조하기 위해 '캐비아 예화'를 들고 있다. 캐비아는 철갑상어 알을 소금에 절인 식품으로, 귀하고 값이 비싸 일반적으로 식탁에 오르기 쉽지 않은 음식이다.—편집자 주

차례

시작하는 글 계란과 캐비아 6

1장 아주 친근한 미라 18

2장 요르단 강변의 남자 46

3장 마틸다 이모와 대화하는 법 62

4장 로마 군인을 위한 1마일 80

5장 마음을 들여다본 적이 있습니까? 110

6장 캘리포니아를 통해서 플로리다에 도달하는 법 126

7장 다이빙대에 올라선 두 사람 *148*

8장 여기 보리빵을 가진 사람이 있습니까? *166*

9장 양념통 안의 소금 *190*

10장 수도자 또는 순교자, 그리스도인의 선택 *216*

11장 사회 환경 속에서의 순교 *248*

마치는 글   저기 그분이 가신다 *286*

옮긴이의 말

오늘날
　　　그리스도인이라는
의미는?

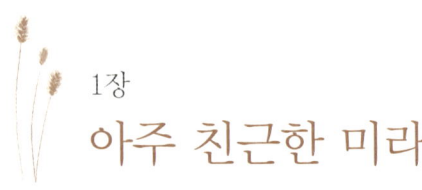

1장
아주 친근한 미라

한 친구가 사춘기 아들 녀석이 성당에 나가지 않는다고 걱정을 합니다. 그래서 제가 친구의 아들에게 물었습니다.

"너, 교회를 완전히 떠난 거니?"

"아니요. 저는 여전히 교회를 신뢰해요. 매일 기도해요. 하지만 미사에는 가지 않아요."

제가 다시 물었습니다.

"왜?"

"글쎄요. 미사 때는 늘 돈과 마약 얘기만 해요. 전 돈도 없고 마약도 안 하니까 갈 필요가 없잖아요?"

그리고 나서 잠시 생각하다가 덧붙였습니다.

"게다가 교회는 마치 거대한 납골당 같아요."

복음은 정말 새로운 소식인가?

우리는 복음(기쁜 새 소식)의 교회라고 하지만, 문제는 그렇지 못하다는 것입니다. 솔직히 따져 봅시다. 그리스도교는 뉴스, 다시 말해 새 소식입니까, 아닙니까? 사람들은 교회에 오면서 전에는 들어 보지 못한 무엇인가를 들으려고 기대하며 옵니까? 다른 데서는 느껴 보지 못한 새로운 무엇을 느끼려고 옵니까? 낯설고 울창한 숲에서 그리스도인으로서 나아갈 방향을 결정하기 위해 모입니까? 아니면 교회에 와서 지하철 승객처럼 앉아, 매일 가는 목적지로 안내원이 이끌어 주기를 마냥 기다리고 있습니까?

평신도들은 사제들이 참신하지 않다고 불평을 하곤 합니다. 사제들은 평신도들이 원하는 바에 맞춰 사목할 수밖에 없다고 오히려 불평을 합니다. 대체 평신도들이 원하는 것은 무엇일까요?

한 본당 신부가 일주일 동안 해야 할 일을 목록으로 만들어 본 적이 있다고 합니다. 보통 그는 16개 정도의 일을 처리하는데, 예를 들면 학교 선생의 불평을 들어 준다든지, 성당 묘지 관리인과 잔디 깎는 사람 사이의 싸움을 말린다든지 하는 일입니다. 그 밖에 10개 정도는 성당 보수에 관한 것이고, 5개가 재정 문제, 마지막 하나가 고해성사를 주는 일이었다고 합니다.

"사람들이 내게 와서 조언을 청할 때 보통은 어떻게 해야 남편이 술을 안 마실지, 또는 어떻게 해야 자녀들이 말을 잘 들을지 등이라네. 그런데 나는 결혼도 안 했고 아이를 키워 본 적도 없지. 또 나는 결혼 상담 전문가도 아니지. 나는 다만 한 가지, 내가 정말로 할 수 있는 일이라고 느끼는 게 있긴 하지."
내가 물었습니다.
"그게 뭔데?"
"예수 그리스도를 진정으로 그들 삶의 일부분으로 받아들이게 하는 것이지. 예를 들어 그들에게 성경을 가지고 어떻게 기도하는지 가르치는 일이야. 그것이 내가 할 일인데, 문제는 사람들이 그걸 들으려고 하지 않는다는 거지."
이와는 반대로 들을 준비가 되어 있는 사람들에게 그것을 이야기해 줄 사제가 없는 경우도 있습니다.

솔직히 문제의 핵심은, 우리 삶에서 예수 그리스도께서 꼭 차지해야 될 자리에서 쫓겨나셨다는 것입니다. 바로 이 점이 우리가 그리스도인으로서 얼마나 그리스도교적인지를 살펴보게 합니다. 우리는 그리스도인이 된다는 것이 무엇을 뜻하는지 아직도 모르고 있는 건 아닐까요?

이 말이 너무 심했다면 잠시 그리스도교가 아닌 다른 종교들을 살펴봅시다. 그들에게는 성경에서 당신 자신을 드러내시는 하느님의 직접적인 계시는 없지만, 자연의 아름다움 속에서 자기들 나름으로 최대한 노력을 다해 하느님을 섬깁니다.

아프리카에서 3년 동안 선교사로 일한 적이 있습니다. 제가 있던 남부 차드에서는 한밤중에도 무기 없이 어디든 혼자 다닐 수 있었습니다. 거기서 지내는 동안 흉악한 살인 사건이 한 번 있었는데, 그것이 사람들 기억에 지난 25년 동안 처음 일어난 일이었다고 합니다. 좀도둑 정도는 흔하지만 무장 강도나 남의 집을 작정하고 터는 일 등은 전혀 없었습니다. 성性 윤리의 기준도 높았는데, 그 점은 미국보다 훨씬 나을 것입니다. 결론부터 말하자면 그리스도인이 아닌 아프리카 사람들이 미국의 그리스도인들보다 훨씬 더 십계명을 잘 지키고 있었다는 것입니다.

물론 그 사회는 우리보다 훨씬 단순합니다. 그들은 우리처럼 복잡한 사회 속에서 일어나는 많은 유혹들을 겪지 않아도 됩니다. 그러나 우리가 이교도라고 얕잡아 봤던 이들이 우리처럼 무엇이 옳고 그른지를 알고, 그것을 지켜 나가는 것을 보면서 올바른 삶을 위해서 꼭 그리스도인일 필요는 없지 않나 하는 의문이 드는 것입니다.

그러면 교회가 하느님을 섬기는 것과 비교해서는 어떤가요? 이교도들은 하느님을 섬기고 있는 건가요? 물론 그들은 자신들이 알고 있는 방식으로 하느님을 섬깁니다. 그들은 제사와 예절에 있어서 그리스도인인 우리보다 충실합니다. 1975년 갤럽 조사는 미국인 10명 중 6명이 주중 교회든 어디든 아무 데도 가지 않는다고 보고했습니다. 그런데 당시 가톨릭 신자는 미국 인구 중 1억 8천만 명이나 되었다는 것입니다.

그렇다면 우상 숭배를 하는 이교도들이 그리스도인보다 낫다고 해야 할까요? 물론 아닙니다. 그들이 그렇게 될 수밖에 없는 많은 이유들이 있습니다. 훨씬 단순하고 친밀한 부족 사회 안에서 지켜야만 하는 윤리들과 미신적인 두려움 등입니다. 그러나 그리스도교가 단지 윤리적 규범의 집합체이고 하느님을 섬기는 여러 방법 중 한 가지라면, 우리도 또 다른 자연 종교일 뿐 그들보다 나을 게 무엇이겠습니까? 좀 더 심하게 말하면 우리도 우상 숭배를 하면서 그 가운데 정통이라고 주장하는 것과 같다는 말입니다.

규칙과 의례

이교도 혹은 자연 종교는 한마디로 규칙과 의례의 종교입니다. 사람은 세상에 태어나 자기가 지키고 살아야 할 기본 규칙이 무엇인지 찾게 되고, 어떤 것은 누군가에 의해 자기가 태어나기도 전에 이미 만들어져 있는 것을 알게 됩니다. 사람은 누구나 무엇이 옳고 그른지를 알고 싶어 합니다. 이것이 어떤 종교든 사람들이 필요로 하는 첫째 요소인 윤리 규범입니다.

또 사람들은 자신들이 이 세상에서 즐기는 모든 것, 생명을 포함한 모든 것이 자신이 아닌 다른 이, 즉 창조주에게서 왔다는 사실을 깨달으면서 그 놀라운 능력에 어떤 식으로든 감사와 존경을 표현하려고 합니다. 바로 여기서 종교의식, 전례, 예식, 즉 숭배하는 방법이 탄생합니다. 이것이 바로 모든 종교가 공통적으로 갖고 있는 두 번째 요소입니다.

미국 서부의 인디언은 짐승을 잡을 때 먼저 작은 고깃점을 떼어 내 하늘에 감사의 뜻을 바치지 않고서는 절대 손대지 않는다고 합니다. 이것이 예절입니다.

이교도들의 윤리 규범이 좋은 것이라면 그것은 하느님께서 인간에게 바라시는 선과 악을 정확하게 반영한 것이기 때문입니다. 그런 경우, 선한 이교도의 종교입니다. (미국에서 백만 명에 가까운 아기들이 낙태되는 것을 보면, 오히려 우리가 윤리적으로 더 나쁜 우상 숭배자입니다. 단순하고 순수한 이교도들이 우리가 하는 짓을 본다면 그 잔인함에 치를 떨 것입니다.)

마찬가지로 이교도들이 하느님께 대한 지식과 깨달음을 나름대로 제례 예식을 통해 드러내고, 또 이것이 하느님의 존엄성과 본성에 맞는 것이라고 합시다. 그러면 이는 우상 숭배일지라도 하느님의 모습을 왜곡시키는 것이 아니라 오히려 잘 드러내는 것입니다. 그러므로 이 같은 제례 예식은 우상 숭배이지만 나쁜 것이 아닙니다. 우리의 미사처럼 하느님의 참된 본성과 인간과의 관계를 완전하게 드러내지는 못하더라도 그들의 예식을 통해 하느님과 인간에 대한 진정성 있고 참된 관계를 드러낸다면 이는 결국 좋은 제례 예식이라는 것입니다.

솔직히, 그리스도인이라고 자처하는 많은 사람들에게 우리가 정말 이같이 단순한 예식과 윤리 규정을 가진 원시 부족보다 나은가 하고 묻게 됩니다. 주어진 시대와 문화에서 우리의 윤리 규정이 보다 바람직하다고 해서 이 사실이 바뀌는 것은 아닙니다. 종교가 아무리 옳은 윤리 규정을 갖고 있어도, 심지어 하느님께로부터 직접 계시되었다 해도, 단지 그 사실만으로는 다른 자연 종교와 다를 바가 본질적으로 없다는 것입니다. 여전히 이교도이자 기껏해야 정통적 이교도인 셈입니다.

그리스도인의 의례 역시 같은 맥락 안에 있습니다. 즉 미사가 인간을 위한 하느님의 구원의 신비가 드러나는 참된 의식이라고 해도, 미사에 참석하는 이들이 그 안에서 무엇이 말해지고 행해지며, 자기 삶 속에서 어떻게 살아야 하는지 이해하지 못한다면 아무 소용도 없다는 말입니다.

그리스도인으로서 우리는 예수님께서 우리를 위해 돌아가셨으며, 미사에서 그것을 재현한다는 것을 잘 알고 있습니다. 그러면 '지금 여기서' 구원받는다는 뜻도 우리는 구체적으로 알고 있는 것일까요? 미사 안에서 구원의 사실이 기념될 때마다 그것이 무엇을 의미하는지, 우리가 무엇을 위해 주님께 스스로를 맡기며 살아가는지 알고 있는가 하는 말입니다.

구원의 의미

우리의 구원은 다른 이들은 모르는 우리만 아는 역사적 사실이 아닙니다. 구원을 믿는다는 것은, '이제 나는 죽어 천국에 가겠지… 죽을 때 나는 뭔가 다르겠지.' 하는 안도의 한숨 이상의 의미가 있습니다.

구원받았다면 지금 당장 여기서 뭔가가 달라져야 합니다. 주님의 십자가에서의 죽음이 '천국 문'을 열었다든지, 하느님 아버지께서 우리를 대하는 태도가 달라졌다는 등의 이야기가 아니라, 무엇인가 우리에게 심대한 변화가 생겨야 한다는 것입니다.

그리스도는 우리 존재의 뿌리부터 내적 변화를 꾀하게 하시려고 죽으셨습니다. 우리는 미사 때 바로 이것을 기념합니다. 곧 우리가 그리스도의 은총으로 변했다는 것, 이 세상에서 살아 있는 그리스도의 지체로 불림을 받았음을 기념하는 것입니다.

골고타 십자가에서는 단순히 우리의 죄만 씻겨 나간 것이 아닙니다. 새로운 인간 존재로 다시 태어나기 위해 그리스도 안에서 우리 또한 죽은 것입니다. 우리는 구원받고 불림을 받았기에 전에는 상상도 할 수 없는 새로운 방법으로 생각하게 되었고, 이전의 모든 판단을 넘어서는 새로운 방법으로 세상을 바라보게 되었습니다. 그리고 인간의 생각과 길을 넘어서 하느님의 생각과 길, 즉 일반적인 윤리성을 초월해 행동할 수 있게 되었습니다.

"내 생각은 너희 생각과 같지 않고 너희 길은 내 길과 같지 않다. 주님의 말씀이다. 하늘이 땅 위에 드높이 있듯이 내 길은 너희 길 위에, 내 생각은 너희 생각 위에 드높이 있다."(이사 55,8-9)

하느님과 인간 사이의 장벽이 예수 그리스도의 구원을 통해 모두 무너지게 되었습니다. 우리는 그분 안에서 죽었고, 그분 안에서 되살아났으며 그것은 곧 우리가 이미 새 삶으로 인도되었다는 뜻이기 때문입니다. 은총의 삶이란 그리스도의 삶을 나누는 것입니다. 즉 그분처럼 생각하고 선택하며, 그분이 바라신 것을 바라고 알고자 하신 것을 알며, 그분의 사랑과 고통과 기쁨을 바로 지금 여기뿐 아니라 그분이 다시 돌아오실 때 하늘에서 영원히 함께 나누는 것입니다.

만약 그리스도인들이 미사의 모든 행위에 의식적이고 의도적으로 참여하여 스스로를 진정으로 변화시킨다고 생각해 봅시다. 그러면 미사가 곧 새로운 방식으로 살아가게 되는, 참으로 하느님께 드리는 전적인 헌신의 심오한 행위가 될 것입니다. 미사에서 모든 사람들이 빵과 포도주의 변화처럼 그리스도의 몸의 일부분으로 변화하여 자신을 하느님께 진정으로 봉헌하게 되는 것을 상상해 보십시오. 그분의 죽음과 부활을 통해 새로운 삶으로 태어나 그리스도의 생각과 자세로 살아가는 것을 말입니다.

우리가 투사하는 이미지

그것이 그리스도교입니다. 그런데 그것이 신자들이 미사에 오는 이유입니까? 앞서 말한 본당 신부는 신자들이 미사에 오는 이유로 두 가지를 듭니다. 첫째는 이미 알고 있는 윤리 규정을 잘 지키도록 미사 중에 사제를 통해 다시 한 번 듣기 위해, 둘째는 주일에 성당에 와야 한다는 '의무를 지키기' 위해서라는 것입니다.

그 신부는 이렇게 말합니다. "내 신자들은 진실한 사람들이야. 그들은 자녀들에게 인내하고, 부인에게 충실하고, 자기 말에 책임을 지라고 내가 가르치기를 진정으로 바라지. 그런데도 나에게는 그들이 그리스도인으로 보이지 않는다는 거야. 왜냐하면 그들은 자기들의 윤리 의식을 고민케 하는 어떤 새로운 것도 들으려 하지 않기 때문이지. 많은 사람들이 초등학교에서 배운 것 이상의 윤리적 문제를 상기시키면 예수님의 가르침이 무엇이든 관심 없다는 듯 행동하거든. 나는 그들이 정말 미사가 무엇인지 알고 있을까 의문이 들어. 어떤 사람들은 50분 안에 미사를 마치고 주차장으로 빠져나가는 일이 무엇보다도 중요한 것처럼 행동해. 그들은 전례 안에서 변화가 생기거나 아이디어가 떠오르는 것도 원치 않지. 그들은 단지 반복적으로 익숙한 것만을 원하는 거야. 미사가 아닌 어떠한 예절이든 익숙한 것이라면 아무래도 상관이 없다는 듯이…. 한번은 내가 성 윤리에 대해 아주 강하게 설교를 했지. 미사 후에

몇몇 부모들이 제의실까지 쫓아와 아주 흡족해하더군. 그들은 자기 딸들이 임신하는 걸 원치 않으니까. 그런데 만약 내가 사회 정의나 인종 차별 철폐에 대해 성 윤리의 반도 안 될 만큼의 강도로 설교를 했다면 미사 후 많은 사람들이 떼를 지어 몰려와 나를 어떻게 하려고 들걸."

그리스도인이 되고자 하는 신자들은 본당 신부에게 이렇게 말합니다. "예수님의 생각이 어떠셨는지 신부님이 분명히 알려 주셨네요. 예수님께서는 우리가 신부님 말씀처럼 살기를 원하시겠지요. 앞으로 그렇게 하겠습니다." 그들은 그리스도의 마음과 가슴으로 끊임없이 '회개'하면서 그분의 가치와 입장을 받아들이려 하게 됩니다. 그러나 기본자세가 이교도 같은 교우들은 "듣고 싶지 않아요. 이미 알건 다 알고 있는걸요. 변할 생각도 전혀 없어요."라고 말합니다. 이런 교우들은 예수 그리스도의 마음과 영혼을 깊이 이해하고 친교로 들어가는 데 관심이 없는 것입니다.

여기서 우리 자신은 어떤 부류의 그리스도인인지 물어봅시다. 물론 어느 쪽인지 쉽게 말할 수 없지만, 자신에게 솔직해진다면 마음속 주된 입장이 무엇인지 알 수 있습니다. 우리 종교는 본질적으로 윤리와 전례(즉 올바른 일을 하고 하늘에 가는 것), 다시 말해 규칙과 의례의 그리스도교입니까? 아니면 그리스도의 마음과 영혼에의 일치를 우선하는 종교입니까?

정말 힘든 질문을 하고 있습니까?

그리스도교를 단순한 '규칙과 의례'로 단정하고 살아가는 사람들은 그리스도의 빛을 통해 자기 삶을 바라봐야 하는 힘든 질문들을 하지 않습니다. 그들은 분명한 도덕법, 초등학교 교리 시간에 배운, 지극히 단순한 윤리 규정에 만족합니다.

그러한 사람들은 십계명을 도로 표지판처럼 쳐다볼 뿐입니다. 도로 표지판같이 분명하고 명백한 선을 넘지 않는 사람은 누구나 위험에서 벗어나 안전한 길을 걷고 있는 것입니다. 그들은 나침반만 가지고 대양을 항해하길 원치 않습니다. 그들은 자기들이 다니는 길 외에는 보지 않습니다. 그들은 하늘의 별을 보고 갈 생각이 없습니다. 그들은 단지 명백하게 정해진 법만 지키기를 원할 뿐, 법을 제정해 주신 분에 대한 깊은 이해를 원하지 않습니다. 이는 법의 제정 가치와 입장을 이해하고 내적 나침반이자 실질적인 법으로 받아들일 생각이 전혀 없는 것입니다.

달리 말해 사람들이 양심을 따로 떼어 놓고 생각하길 원한다는 뜻입니다. 그들은 어려운 질문이 자기 삶의 지평을 넓히는 것이 아니라, 오히려 좁힌다고 생각합니다. 그래서 통상적인 방법 이상의 것을 생각하게 되면 감당할 수 없어진다고 두려워합니다. 그런 삶에 있어서 대부분의 결정은 '윤리성'과 관계가 없습니다. '종교'는 탐조등처럼 단순히 좁은 길을 비추는 것에 불과하고, 좁은 길에서 벗어난 어떤 것도 종교와 관련이 없습니다.

    신학과 재학 시절 사회 정의에 관한 과목을 수강한 적이 있습니다. 법과 상거래 질서에 관계된 과목이어서 어려운 편이었습니다. 강의 중에 담당 교수는 당시 프랑스에서 소득세를 내면서 누구나 33.3퍼센트를 속여 낸다는 것도 언급했습니다. 당시 프랑스에서는 거의 관행적인 일이었으니까요. 교수가 말하길, 어떤 사람이 고해성사를 보며 자기는 23.3퍼센트밖에 속이지 않았다고 하자, 사제가 나머지 10퍼센트도 다 고백하라고 했답니다. 우스개처럼 들리지만, 사실 이것은 제법 심각한 문제였죠. 여기에는 상업 윤리와 여러 가지 복잡 미묘한 문제들이 관련되어 있기 때문입니다. 수업 끝에 교수는 이같이 어려운 윤리 문제를 고해성사에서 다루기는 쉽지 않을 것이라고 말하는 한편, 확신에 차서 이렇게도 말했습니다. "걱정하지 않아도 됩니다. 아무도 이런 문제로 고해성사를 보러 오지 않을 테니까요." 그 후 16년이 지난 지금까지 교수의 말대로 아무도 그런 문제로 고해성사를 본 적이 없었을 것이라고 생각합니다.

    이런 잘못은 평신도에게만 국한되지 않습니다. 신부들도 마찬가지로, 강론에서 이같이 '어려운 문제들'을 언급하기를 꺼립니다. 양심에 걸리고 문제가 되는 것을 언급하기보다 사람들이 이미 다 받아들인 것을 말하는 것이 훨씬 쉽기 때문입니다. 일리노이 주립대학교에서 캠퍼스 사목을 하고 있는 신부에게서 많은 것을 시사하는 이야기를 들은 적이 있습니다. 학생 중 한 명이 베트남 전쟁 때 북베트남 앞바다에 배치된 항공모함에서 복무했는데, 이런 얘기를 했다고 합니다.

"우리 배는 매일 베트남을 향해 비행기를 출격시키고 있었습니다. 그런데 주일 미사 때 신부님 강론이 창녀촌에 가는 것이 얼마나 나쁜지에 대해서였습니다. 마치 우리가 수영이라도 해서 하노이로 건너가 주말을 보내기라도 할 듯이 말입니다. 그 후 제가 다시 미국으로 돌아오니 이곳 캠퍼스에는 아름다운 여자들 천지였고 가는 곳마다 유혹이 많았습니다. 그런데 이곳 사제나 목사들이 설교하는 내용은 무엇인지 아세요? 여기선 오히려 평화주의를 역설하며, 베트남에 폭탄을 투하하는 일의 죄악성에 대해 이야기하더라고요."

앞서 말한 갤럽 통계에서는, 무엇이 옳고 그른지 결정할 때 네 명 중 세 명이 종교를 의식적으로 결부시키지 않는다고 합니다. 물론 가톨릭 신자들은 성적 윤리나 살인에 대해서 종교와 연결시키리라고 봅니다. 그러나 어릴 적에 배운 옳고 그름에 대해서는 판단 없이 받아들이던 사람도 새로운 문제가 나타나면 갤럽 통계처럼 종교와 별 상관없이 윤리적 결정을 내린다는 것입니다.

놀랍게도 대다수의 가톨릭 신자들이 낙태에 관한 교회의 가르침을 알면서도 매일매일 일어나는 그 살인에 대한 판단에 있어서는 별 영향을 받지 않습니다. 이는 낙태를 이전에 없던 새로운 외과 수술로 문화·사회적으로 용인하기 때문입니다. 앤드류 그릴리 Andrew Greeley 신부의 74년도 통계에서도 가톨릭 신자 가운데 70퍼센트가 '기혼 여성이 더 이상의 자녀를 원치 않을 때 합법적으로 낙태를 허가해야 한다.'고 생각합니다.

보수적이고 엄격하다는 성 윤리에서조차 가톨릭 신자들은 지나친 노출을 피하라는 종교적 가르침에 그다지 영향을 받지 않습니다. 인정하고 싶지 않지만, 젊은 여성들이 무엇을 입을까 결정할 때 중요한 것은 교회의 가르침이 아니라 뉴욕에서 유행하는 패션이 무엇인가입니다. 오늘날 아무도 자신이 입는 옷이 여성의 존엄성과 그리스도인의 이미지를 표현해야 한다고 생각하지 않습니다. 아무도 더 이상 옷에 종교적인 의미를 부여하지 않는다는 말입니다.

게다가 이보다 복잡한 문제들, 즉 정치·사회·정의·인종 문제·비즈니스 윤리·전쟁에 있어서도 종교는 사람들의 윤리적 판단에 아무런 영향을 주지 못한다는 것이 더욱 뚜렷하게 나타나고 있습니다. 〈뉴스위크〉(1971년 10월 4일)의 조사에 의하면, 세상의 각종 논쟁거리나 교회의 가르침에 대한 신자들의 입장은 종교가 아니라 수입과 교육, 살고 있는 지역에 따라 결정됩니다.

신자들은 단순히 십계명을 어기는 명백한 행위에 대해서는 교회의 판단을 인정하지만, 비즈니스나 정치, 실제 생활에서 중요시되는 문제에 대해서는 오히려 교회를 판단합니다. 즉 자기들이 속한 그룹의 입장이나 친구·동료·비즈니스·사회적 배경의 경험에 따라 교회를 판단하는 것입니다.

시민 종교

이 모든 것을 모두 합치면 '윤리적 이교도주의' 즉 규칙과 의례의 종교만 남습니다. 이는 성경을 통해서 말씀하시는 하느님의 계시가 아니라, 자신이 살고 있는 사회 및 사람들의 가치관과 태도에 의해서 결정되는 윤리적 규정의 종교입니다.

이교도주의의 다른 이름은 '시민 종교'Civil Religion입니다. 시민 종교는 그 사회에서 선하다는 사람들이 생각하고, 말하고, 행동하는 것을 단순히 반영해 드러내는 종교입니다. 당연히 시민 종교는 그 사회에서 존경을 받습니다. 그 사회가 근거하는 모든 가치를 지지하기 때문입니다. 곧 부족의 종교Religion of the tribe라고 할 수 있습니다.

지인 중에 임신한 딸을 둔 이가 있었습니다. 그런데 그 딸이 너무 어렸습니다. 아버지는 윤리적이면서 딸을 배려해 줄 만한 의사에게 데려갔습니다. 이해심 많고 합리적인 의사는 '아기를 낳지 말라.'고 권고하며 작은 병원을 소개했습니다. 딸의 임신을 간단히 해결해 줄 병원이었습니다. 아버지와 딸은 냉방이 잘되는 청결한 사무실에서 바로 간단한 인터뷰를 했고, 말끔하게 잘 차려 입은 사람들이 합리적이고 교양 있는 태도로 모든 것을 깔끔하게 끝내 주기로 했습니다.

그 후 그 의사와 이야기할 기회가 있었습니다. 그 의사의 입장을 심정적으로 이해한다고 전했습니다. 의사로서 그는 현대 기술 문명을 대변합니다. 의사라는 사회적 최고의 위치의 사람들은 많은 교육을 받은 세련된 이들로, 재정적으로도 튼튼하고 사회적 흠도 없는 존재들입니다. 어찌 보면 사람들이 그들에게 윤리적 문제를 묻는 건 당연한 일입니다. 그들이 지닌 가치관이 옳을 뿐 아니라, 부족(사회)의 지혜를 관장하는 사람처럼 보였을 테이니까요. 결국 의사들은 사회적으로 올바르다고 인정받는 성공한 부류의 일원으로서, 그들이 지닌 기술적·의료적 지식으로 인해 특별한 비밀의 소유자가 됩니다. 즉 다른 사람들은 자기들이 모르는 사실을 의사들이 알고 있기에, 본능적으로 자연스럽게 의사가 하느님의 신비와 특별한 지식을 소유했다고 생각합니다.

그 의사가 제게 말했습니다. "지금 말하는 게 혹시 무당이나 주술사 아닌가요?" 맞습니다. 그가 낙태를 권고했을 때 그는 이미 무당과 주술사의 위치를 스스로 택한 것입니다. 즉 사회 내 자신의 위치를 빌려 하느님의 지식이 아닌 의과 대학에서 배운 전문 지식으로 삶과 죽음의 판단을 내린 것입니다. 그가 자기 코에 뼈를 달고 방울뱀 껍질로 무당처럼 치장하지 않았기에 사람들을 감쪽같이 속인 것뿐입니다. 오늘날 사회는 고도로 발달된 전문 의료 기술로 아기들을 죽입니다. 그 아기들을 의료 쓰레기통에 버리는 것과 태어난 아기를 산에 내다 버리는 것이 뭐가 다릅니까?

우리 시대의 죄

사회적으로 인정받는 사람들은 사회에서 통용되는 방법으로는 살인과 도둑질을 하지 않습니다. 랠프 네이더 Ralph Nader가 고발한 한 카바이드 Carbide 회사가 그러했습니다. 그 회사의 웨스트버지니아 공장에서 내뿜는 유해 물질로 인한 오염은 뉴욕의 연간 대기 오염의 3분의 1에 해당했습니다. 네이더는 〈뉴요커〉(1973년 10월 8일)에서 이렇게 말했습니다. "사람들이 숨을 헉헉거리며 돌아다닙니다. 폐렴 환자가 증가하고 있습니다. 노동자들의 산업 재해율도 매우 높습니다. 카바이드 회사는 세금을 제외하고도 1970년에만 1억 57만 달러를 벌었습니다. 그 이익의 대부분은 공장 주변에 살고 있는 어린아이들의 건강과 폐의 희생으로 얻어진 것입니다."

네이더는 또 「어떤 속도로도 위험」(Unsafe at Any Speed, 1965)이라는 책을 써서, 자동차 산업의 안정성이 결여된 디자인에 대해 비판했습니다. 그 결과, 쉐보레·폰티악·뷰익·올즈모빌 등을 생산한 제너럴모터스 GM는 1973년 370만 대의 자동차를 리콜해야만 했습니다. 고속도로 안전 협회의 통계에 의하면, 교통사고에 의한 사망자 수가 1966년까지 꾸준히 증가하다가 자동차 교통 안전법(네이

더가 큰 역할을 한)이 통과된 이후에 비로소 떨어지기 시작했다고 합니다.

이처럼 자동차 산업계의 태만과 부주의를 지적한 네이더 덕분에 수천 명의 생명을 구할 수 있었습니다. 만약 그의 증언이 없었다면 수많은 이들이 사회적으로 용인되는 산업적 살인으로 생명을 잃었을 것입니다. 〈뉴요커〉에 실린 네이더의 소비자 권익 보호에 대한 기사는 마치 현대판 십계명 같습니다. '산업 재해를 통해 살인해서는 안 된다. 옳지 못한 이익을 위해서 도둑질해서는 안 된다. 과대광고로 거짓을 전하거나 주변 이웃과 불법 상거래를 해서는 안 된다.'

그런데 문제의 핵심은 위에서 말한 의사나 기업인들이 자신들을 결코 비종교적인 사람이라고 생각하지 않는다는 점입니다. 오히려 그들은 스스로를 선하고 훌륭한 그리스도인이라고 생각하고 남들 또한 그렇게 여깁니다.

누가 감히 이스턴 항공(Eastern Airline, 1962년 설립되어 한때 미국 최대의 국내선 항공기를 편성했다.-편집자 주) 회장을 속물이라고 생각하겠습니까? 또 낙농업처럼 사회적으로 깨끗하고 건강한 이미지를 가진 것이 또 무엇이 있겠습니까? 그런데 이스턴 항공 회장과 전 낙농협회 회장이 닉슨 대통령의 선거 운동에 수천만 달러의 불법 자금을 제공했다고 자백했습니다.

이런 문제가 고해성사 중에 나올까요? 16년 동안의 제 사제 생활에 비추어 볼 때 아쉽게도 전혀 그렇지 않다고 말할 수 있습니다. 사람들은 이처럼 시민 종교에 반하는 죄들을 고백해야 한다고 생각조차 하지 않습니다. 그리고 이렇게 우리 문화에 받아들여지고 있는 비즈니스나 사회적 관습은 신약 성경에서 단죄하는 '세상'과 다름없습니다.

놀라운 사실은 이 사회에서 인정받는 사람들이 다른 인종이나 계층으로부터 자신들을 가장 효과적으로 분리시킨다는 것입니다. 부유층 사람들은 거리에서 흑인에게 욕을 할 일도, 소수 민족에게 돌을 던질 일도 없고, 보스턴에서 있었던 백인들의 폭동 같은 일을 벌일 필요도 없습니다. 그들은 집을 사도 멀리 떨어진 곳에 삽니다. 그들 대부분은 도심에서 멀리 떨어진 교외에 살면서 자녀를 공립이 아닌 사립 학교에 보냅니다. 부유한 사람들은 소외 계층이나 소수 민족에게 적대감을 표했다고 해서 고해성사 때 말할 필요가 없는 것입니다. 그들은 마치 중세의 성처럼, 성 주위를 물로 채우고 그 위에 현수교를 달아 사는 사람과 같습니다. 성 안에 살면서 그들은 나름대로 솔직하게 말합니다. "나는 모든 이에게 선한 사람입니다. 왜냐하면 나는 내가 선하게 대할 수 없는 어느 누구도 이 성 안으로 들어오게 하지 않기 때문입니다."

밀가루 반죽 속의 누룩

여기서 다루는 질문들은 어렵기도 하고 간단히 해결하기가 힘든 것들입니다. 사실 대부분의 사람들이 강론 때 기존의 윤리 의식이나 현 상태를 뒤흔들 골치 아픈 문제들을 듣고 싶어 하지 않지 않습니까? 오히려 사회에서 이미 받아들여지고 있는 사실이나 자기 입장을 공고하게 해 줄 격려의 말을 듣고 싶어 하지 않습니까?

사람들은 질서나 법을 위협하는 일들(살인·절도·강도·거짓말·패륜·불륜·문란한 성행위 등)을 종교가 뿌리 뽑아 주길 바라면서, 비즈니스나 경제·정치·사회생활에 끼어들어 심기를 불편하게 만드는 것은 원하지 않습니다.

우리 시대의 예언자적 목소리인 제2차 바티칸 공의회에서는 평신도의 역할을 이 세상 속에 든 누룩과 같다고 했습니다. 그리고 평신도는 세상의 무게에 짓눌리지 않고 세상을 성화시키는 활동적인 누룩이 되어야 한다고 강조합니다. 이것은 하느님 왕국을 위해 평신도들이 세상의 일, 사업, 가정, 사회 등의 '평범한 상황'에서 활동함을 뜻합니다(교회 헌장 31 참조). 평신도만의 고유한 일은 바로 세상의 비즈니스와 정치와 사회의 풍습을 복음의 빛으로 뚫고 들어가 승화·변화시키는 것입니다. 이처럼 세속의 영역, 즉 매일의 직장과 세상에서 '그리스도를 현존하게 하는 신앙과 희망과 자비의 증거'를 하는 것이 바로 평신도입니다(평신도 교령 2장 참조).

딜레마는 여기에 있습니다. 즉 우리 대부분이 교회의 가르침과 정반대되는 것을 기대하면서 성장해 왔다는 사실입니다. 교회는 평신도에게 그리스도의 이름으로 세상에 나아가 사회의 가치와 태도에 도전하라고 합니다. 하지만 정작 사제들이 미사 때 가치나 태도의 문제를 끄집어내면 말 많은 신자들은 성을 낼 것입니다.

교회는 단순히 자선이나 사회봉사 단체가 아닙니다. 하느님의 신비와 구원의 체험이 모든 설교나 그리스도인의 정체성에 주된 정신과 핵심이 되어야만 합니다. 이 책이 목표로 하는 전반적인 주제 또한 살아 있는 '그리스도의 인성the person of Christ'과의 깊은 만남입니다. 이에 대해서는 다음 장에서 더 살펴볼 것입니다.

그런데 세상 가운데 살아 있는 표현으로 나오지 않는 하느님 체험은 아무것도 아닙니다. 마할리아 잭슨Mahalia Jackson은 이렇게 말했습니다. "많은 사람들이 거룩하게 하늘만 바라보는 것은 현실적으로 이 세상에 아무런 도움이 되지 못합니다." 또 미국 가톨릭 뉴스 서비스에서 발행하는 리치먼드 교구 주보에는 이런 이야기가 나옵니다.

> 워싱턴(NC) 라파예트 교구의 한 젊은 신부가 자신이 어릴 때 다니던 본당(메릴랜드 주 몽고메리 카운티의 'Blessed Sacrament' 성당)에 주일 미사를 하러 갔습니다. 강론 시간이 되었고, 신자들은 경건하게, 미국에서 두 번째로 부자인 동네의 주민들답게 잘 차려 입

고 앉아 있었습니다.

신부는 복음에 나오는 불충실한 종에 대한 이야기를 하면서 워싱턴 대교구의 패트릭 오보일Patrick O'Boyle 추기경이 몽고메리 카운티에 보낸 편지를 언급했습니다. 거기에는 공평한 주택 정책의 실천에 대한 주장이 담겨 있었습니다.

젊은 신부는 몽고메리 카운티의 여러 관공서에서 흑인 직원들이 집을 구할 수 없어 어려움을 겪고 있다고 말했습니다. 그는 진보적 성향을 지닌 이들조차 멀리 떨어진 곳의 불의를 시정하는 데는 열심이면서, 바로 자기 동네에서는 정의를 무시하고 있다고 지적했습니다.

그 대목에서 갑자기 기침 소리가 들렸습니다. 다른 쪽에서도 기침 소리가 났습니다. 모든 사람이 주목할 만큼 기침이 이어졌습니다. 마침내 회중 가운데 한 남자가 일어났고, 그제야 기침 소리가 멎고 조용해졌습니다. 그 남자는 조용히 말했습니다. "감실의 성체를 존경합니다. 그런데 저희에게 꼭 이런 정치적인 발언을 하실 필요가 있습니까?" 정적이 흘렀습니다.

그리고 몇몇 사람이 박수를 치자 다른 사람들도 따라 쳤습니다. 점점 동조하는 사람이 늘었습니다. 젊은 신부는 조용히 서 있었습니다.

또 어떤 사람이 일어나자 모두들 그를 쳐다봤습니다. 그는 "신부님, 윤리적인 이야기나 해 주세요." 하고 말했습니다. 이어서 다른 이들도 "네, 그래 주세요." 하고 말했습니다. 아예 자리에서 일어나 나가는 사람도 있었습니다. 더 깊고 무거운 침묵이 흘렀습니다.

젊은 신부는 다시 이야기하기 시작했습니다. 그는 불의한 청지기와 공평한 주택 정책에 대한 이야기를 계속했습니다. 신부는 자기가 하고자 했던 강론을 다한 것처럼 보였습니다. 강론이 끝나고 영성체가 시작됐고, 성당 안의 모든 이들이 나가 성체를 모셨습니다.

이 이야기에서 어떤 생각이 듭니까? 미사에 참석한 신자들이 진정한 그리스도인의 모습인가요? 아니면 오랜 세월을 거쳐 미라처럼 되어 버린 '정형화된 이교도'의 얼굴인가요? 우리 모두 고민해 볼 문제입니다. 앞에서 사춘기 소년이 이를 잘 표현했습니다. "교회는 마치 거대한 납골당 같아요."

교회가 어느 때는 납골당처럼 보이고, 신자들의 모습은 미라처럼 보입니다. 만약 교회 안에서 체험되는 것이 시민 종교나 '정형화된 이교도', 즉 규칙과 의례뿐이라면 그 종교를 믿는 이들은 그리스도인이 아니라 미라와 다름없습니다. 미라는 변하지도, 움직이지도 않으며 새로운 도전도 없기에 부담스럽지도 않습니다. 그러나 미라에게는 생명이 없습니다. 그처럼 생명력이 없는 종교는 이미 죽은 것과 같습니다.

이 책에서 말하고자 하는 바는 살아 있는 그리스도, 죽음에서 살아나셔서 '제자들보다 먼저 갈릴래아로 가실' 그리스도입니다(마태 28,7 참조). 그분은 앞서 가시며 당신을 따라오라고 제자들을 부르시고, 하느님 나라의 기쁜 소식을 다른 이에게 선포하시는 분입니다. 우리는 그리스도를 찾고자 합니다. 즉 교회 밖에서가 아니라 교회 안에서, 교회 건물이 아니라 하느님 백성 안에서, 그분의 자녀로 파견되어 살아가는 이 세상 안에서 말입니다. 한 가지 질문을 던져 보겠습니다. 자기만의 답을 찾아보기 바랍니다. 그리고 말이 아니라 종이에 적어 봅시다.

내가 믿기를 그만둔다면?

연필과 종이를 꺼내 놓고 스스로에게 물어 보십시오. "내가 오늘 성경에 나오는 예수 그리스도를 더 이상 믿지 않는다면? 그리고 바로 다음 날부터 내 삶에 심대한 영향을 미칠 수 있는 결정 다섯 가지를 적어 본다면?"

'내 인생의 의미를 잃어버릴 것이다.'라든지 '이제 아무것도 내 인생에 중요한 것은 없다.' 등의 답을 적으라는 말이 아닙니다. 그런 것은 결정이 아니라 단지 우리에게 일어날 현상일 뿐입니다.

또 '이제부터 주일 미사에 가지 않아야지.'라고도 적지 마십시오. 예수 그리스도를 믿는다는 것은 그런 규범을 지키는 것도 포함하기에 자연스레 모든 행동들은 멈출 테니까요.

다만, 자신의 삶이 어떻게 바뀔지를 적어 보기 바랍니다. 만약 오늘 예수 그리스도를 믿기를 멈춘다면 당장 내일 어떤 구체적인 결정으로, 어떤 변화가 생길지 말입니다.

물론 우리는 여전히 하느님을 믿습니다. 우리는 세상을 만드신 분이며, 선한 이에게 상을, 악한 이에게 벌을 주시는 분이 하느님임을 믿고 있는 것입니다. 예쁘다고 해서 모든 여자를 쫓아다니지는 않습니다. 잘생긴 남자도 마찬가지입니다. 예수 그리스도를 믿지 않는다고 해서 아무데나 가서 도둑질을 하지도 않습니다. 예수 그리스도에 대해 전혀 들어보지 못한 이방인도 훨씬 더 지혜롭게 살 수 있습니다.

일상생활에서 예수 그리스도나 성경 말씀을 더 이상 믿지 않는다면 어떤 변화가 일어날까요? 각자 종이에 적은 결정들은 아마도 내가 믿는 그리스도교가 얼마나 실제적이고 살아 있는지를 보여 주는 좋은 척도가 될 것입니다.

내 삶 속에
　　자리하는
예수 그리스도의 인성

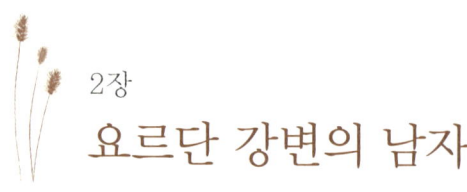
2장
요르단 강변의 남자

　세례자 요한은 힘든 하루를 보냈습니다. 마치 하루가 실망으로 가득 찬 것 같았습니다. 며칠 동안 온종일 세상의 죄를 씻어 주실 '하느님의 어린양' 구세주 메시아의 오심을 선포했습니다. 군중이 모여들어 회개의 표징으로 세례를 받으려 했습니다.

　그런데 사람들은 정말 메시지를 이해했을까요? 그들이 요한에게 앞으로 어떻게 해야 되는지 묻자 요한이 대답했습니다. "군사들은 아무도 강탈하거나 갈취하지 말고, 세리는 정해진 것보다 더 요구하지 마라. 그리고 옷을 두 벌 가진 사람은 못 가진 이에게 나누어 주어라. 먹을 것을 가진 사람도 그렇게 하여라. 작으나마 사랑과 너그러움을 보여야 한다."(루카 3장 참조)

　그러나 사람들에게 무엇을 어떻게 해야 되는지 말하는 것이 그가 파견된 이유는 아니었습니다. 그는 단지 누가 올 것인지를 선포하기 위해 왔습니다. "나보다 더 큰 능력을 지니신 분이 오신다. 나는 그분의 신발 끈을 풀어 드릴 자격조차 없다. 그분께서는 너희에게 성령과 불로 세례를 주실 것이다."(루카 3,16)

그리고 예수님께서 오셨습니다. 예수님께서 강가를 걸어오시자 요한이 말했습니다. "보라, 세상의 죄를 없애시는 하느님의 어린양이시다. 내가 전에 말한 분이시다."(요한 1,29-30 참조)

그런데 아무도 움직이지 않았습니다. 그냥 그 자리에 앉아 있었습니다. 질문하는 이도 없었습니다. 누구 하나 일어나 그분을 따르지 않았습니다. 그저 쳐다볼 뿐이었습니다. 세례자 요한은 이해할 수가 없었습니다. 그는 자신이 아무리 선포해도 사람들 자신이 본 것을 받아들일 준비가 되어 있지 않으면 소용이 없다는 것을 알았습니다. 사람들이 생각하는 영웅은, 개선장군처럼 백마를 탄 왕이거나 최소한 세례자 요한처럼 낙타털로 된 옷을 입고 사막에서 나는 음식을 먹는 뭔가 특별한 사람이었습니다. 그런데 그들이 발견한 사람은 지극히 평범한, 어디서나 볼 수 있는 전형적인 보통 사람이었습니다.

사람들은 어떻게 받아들이면 좋을지 알 수 없었습니다. 그렇다고 요한을 믿지 못한 것도, 요한이 가리킨 이가 하느님의 어린양이 아니라고 부인한 것도 아니었습니다. 단지 예수님이 자기들이 기대한 것과 너무 달라서 어찌할 바를 몰랐을 뿐입니다. 그래서 보통 사람들이 어떻게 할지 모를 때 하듯이 그냥 자리에 앉아 있었던 것입니다.

요한 복음은 이렇게 전합니다. "이튿날 요한이 자기 제자 두 사람과 함께 그곳에 다시 서 있다가, 예수님께서 지나가시는 것(두 번째로)을 눈여겨보며 말하였다. '보라, 하느님의 어린양이시다.' 그 두 제자는 요한이 말하는 것을 듣고 예수님을 따라갔다."(요한 1,35-37) 상황을 재구성해 봅시다. 두 명의 제자들이란 요한(복음을 쓴)과 안드레아였는데, 그들은 전날처럼 어떻게 해야 할지 자신이 없었습니다. 하지만 이날만큼은 뭔가 해야 되겠다고 느꼈습니다. 그래서 세례자 요한이 "이제 어떻게 하겠느냐?"고 묻자 안드레아는 어깨를 으쓱하며 대답했습니다. "잘 모르겠지만 가서 좀 살펴보죠." 그리고 그들은 일어나서 예수님을 따라 강가를 걷기 시작했습니다.

요한과 안드레아의 이러한 모습에서 우리는 진정한 신앙의 응답을 볼 수 있습니다. 예수님께서는 우리가 기대하지 않은 모습으로 오십니다. 따라서 우리의 첫 번째 반응은 어떻게 해야 할지 모른다는 것입니다. 복음 말씀을 읽고, 강론의 가르침을 들었지만 그분을 받아들일 모든 준비를 갖춘 것은 아닙니다. 우리는 놀라고 당황해 무의식적으로 모르는 척 무시하게 됩니다. 보통은 그것으로 끝입니다. 하지만 종종 예수님께서는 다시 우리에게 다가오십니다. 어떤 이에게는 그가 체험한 것에 대해 무엇인가 해야 한다고 느낄 때까지 계속해서 다가오십니다. 우리가 어떻게 해야 할지, 어디로 가야 할지 몰라도 첫 번째 발걸음을 내딛는다면 예수님께서는 거기서부터 이끌어 주십니다.

그것이 바로 예수님께서 요한과 안드레아에게 하신 일입니다. 예수님께서는 그들이 당신 뒤를 따라오는 것을 보시고 돌아서서 그들에게 물으셨습니다. 질문은 매우 단순했습니다. 실제로 누구나 물어볼 수 있는, 그러나 심오한 질문이었습니다. 그 질문을 하느님께서는 조만간 모든 세상 사람들에게 물으신다는 것입니다. 그 질문에 대답하기 전까지는 신앙인으로서나 인간으로서 우리는 아직 성숙하지 못한 존재입니다.

"예수님께서 돌아서시어 그들이 따라오는 것을 보고 '무엇을 찾느냐?' 하고 물으셨습니다."(요한 1,38)

예수님의 질문 : "무엇을 찾느냐?"

우리는 삶에서 무엇을 찾고 있습니까? 죽어서 무엇을 원합니까? 삶이 어떤 의미가 있기를 바랍니까? 이런 질문에 대답하기 전까지 우리는 아직 인간으로서 완성된 것이 아닙니다. (분명하고 완전한 대답은 죽는 순간에야 가능할 것입니다.)

하느님께서는 우리를 인간이라는 본성을 지닌 존재로 창조하셨습니다. 존재하는 순간부터 우리는 하느님의 도우심에 힘입어 한 사람으로서 존재하게 됩니다. "당신은 무엇입니까?"라는 질문은 우리 인간의 본성을 묻는 것입니다. 우리는 인간이며 남자 또는 여자입니다. 또 "당신은 누구입니까?"라는 질문에 대한 대답에 따라 개개인은 다른 사람과 구별됩니다. 우리는 자기 이름을 말하기 시작합니다.

이름이란 무엇입니까? 이름 자체는 단순한 철자의 조합입니다. 우리에게 주어지기 전까지 철자는 그냥 철자일 뿐입니다. 이름의 의미나 묘지에 적힌 이름이 뜻하는 바는 그 사람이 삶 속에서 자기 자신을 비롯해 사물이나 이웃, 하느님께 어떻게 자유롭게 응답했는지, 그 총체적 결과라고 할 수 있습니다.

사람이 삶에 대한 응답을 심사숙고해서 선택할 때마다 자기 창조의 '말'을 속삭이는 겁니다. 마치 태초에 하느님께서 '무엇 무엇이 있어라.' 하면 그것이 생겨났듯이, 사람도 선택의 말을 내뱉으면서 '무엇 무엇이 되어라.' 하는 순간 그 사람이 결정된다는 뜻입니다. 그러므로 하느님께서 사람에게 "무엇을 찾느냐?"고 하신 말씀은 사실 그의 이름을 물으신 것입니다. 그것은 곧 "너는 누구냐?"라고 물으신 것입니다. "너는 어떤 사람이 되기로 선택했느냐? 어떻게 너의 삶을 이끌기로 했느냐? 그리고 무엇이, 누가, 너의 인생을 이끌고 있느냐?" 하신 것입니다.

이 순간 우리는 교리 교육 시간에 배운 대답을 끄집어내야 할 것 같은 기분이 듭니다. "주님, 저는 당신을 사랑하고, 제 삶을 통해 공경하며, 당신을 알고 다음 세상에서 당신과 영원히 행복해지기를 원합니다." 물론 좋은 대답이지만 예수님께서 원하시는 대답은 아닙니다. 예수님께서는 "너는 무엇을 찾아야 하느냐?"고 물으신 것도, "교리서에서 무엇을 찾으라고 하더냐?"라고 물으신 것도 아닙니다. 그분은 "무엇을 찾느냐?"고 물으셨습니다.

  이런 질문에 우리는 한마디로 대답할 수 없습니다. 머리를 굴려 생각하기 시작합니다. 대답을 찾아 헤매지요. 우리가 진정 무엇을 생각하는지, 무엇을 믿고 있는지, 인생의 목표가 무엇인지 말입니다. 이렇게 우리의 동기를 분석함으로써 우리가 생각하는 참된 가치와 삶의 태도가 무엇인지 주님께 대답하려 합니다.

  그러나 모두 쓸데없는 일입니다. 이런 질문에 답하는 유일한 방법은 '가리켜 보이는 것'입니다. 즉 우리의 삶을 가리켜 보여 주는 것입니다. 우리가 했던 결정이나, 현실을 살아가는 방법들을 보여 주는 것이 살면서 진정으로 우리가 무엇을 찾고 있는지를 드러내기 때문입니다.

  인생에 있어서 가장 근본적인 질문에 답할 때는 모든 사람이 입을 다물어야 합니다. 우리는 스스로 대답할 수 없기에, 대답해 줄 증거자를 불러야 합니다. 유일한 증거자는 우리가 세상 속에서 내렸던 수많은 선택들입니다.

  사람들의 머릿속이나 마음속에 머물러 있는 선택은 아직 현실화된 선택이 아닙니다. 선택이 우리를 사람으로 창조하기 위해서는 반드시 행동 안에서 말이 살을 입어야 합니다. 하느님께서 사람들에게 당신을 계시하시기로 선택하셨을 때도 이와 같이 하셨습니다. 그리고 이름을 여쭙자, 하느님께서는 "나는 있는 자"라고 응답하셨습니다. 이것은 결코 단순히 말로 표현될 수 있는 것이 아닙니다. 그렇기에 그분은 당신의 말씀이 육화될 때까지 기다리셨습니다. 또한 "하느님은 사랑이다."라고 말씀하시면서 십자가에 매달린 당신 아들의 몸을 가리켜 보여 주셨습니다.

그러므로 "무엇을 찾느냐?"라는 질문에 대답하기 위해서는 우리 또한 우리의 삶을 가리켜 보여 주어야만 합니다. 우리는 어떻게 시간을 보냅니까? 어떻게 돈을 쓰고 있습니까? 옷을 어떻게 입고 자신을 드러냅니까? 무엇을 먹고 마십니까? 어떤 일을 합니까? 집과 쓰고 있는 방이 우리에 대해서 무엇을 말해 줍니까? 내 친구들이 내 삶의 진정한 목적이 무엇인지를 말해 줍니까? 왜 나는 내 배우자와 결혼했습니까? 세상에서의 내 삶의 모습은 전력을 다해 하느님을 섬기며 그분을 더 깊이 알고 사랑하기 위해 산다는 것을 드러내고 있습니까?

우리가 진실로 하느님을 사랑하고 섬기고 있는지 알기 위해서 왜 매일 아침 일어나고 있는지를 자문해 봅시다. 매일 아침 어떻게 일어나고 있습니까? 우리의 하루는 대부분 일하러 나가기 위해서 일어나며 시작됩니다. 알람 소리에 눈을 뜨고 옷을 입고 아침을 먹고 집을 나섭니다. 그럼 이제 그 시간을 거꾸로 돌려 봅시다. '출근

하러 집을 나선다.'→'아침 식사를 한다.'→'옷을 입는다.'→'알람을 끄고 일어난다.' 일어나 앉은 그때, 성경을 읽고 기도로 하느님을 찾으며 주님을 찬양한다면 우리는 하느님을 공경하고 사랑하며 그분을 알기 위해서 아침마다 일어난다고 말할 수 있을 것입니다.

예수 그리스도와의 만남은 주님께서 우리에게 어떻게든 "무엇을 찾느냐?"라고 물으실 때부터 시작됩니다. (지금 이 책을 통해서도 우리에게 새롭게 묻고 계신지 모릅니다.) 요한과 안드레아는 갑작스레 그 질문을 받았습니다. 예수님께서 돌아서서 질문하십니다. 그들은 무엇이라고 대답할지 몰랐습니다. 요한은 안드레아를 보며 어깨를 으쓱거렸고, 안드레아는 요한을 팔꿈치로 쳤습니다. 드디어 둘 중 한 사람이 자기 마음속에 떠오르는 첫 생각을 더듬거리며 말했습니다. "라삐, 어디에 묵고 계십니까?"(요한 1,38)

우리의 질문 : 어디에 묵고 계십니까?

"어디에 묵고 계십니까?" 우리가 지적인 생각을 짜낼 때나 뭔가를 계획할 때, 또 사람을 사귈 때는 우선 조용히 우리 가슴에 귀를 기울여야 합니다. 그런 다음 우리가 들어야 할 것은, 우리가 무엇을 찾고 있는지(이는 오직 우리 삶만이 보여 줄 수 있습니다)가 아니라, '우리 가슴이 무엇을 희망하는지' 혹은 '우리 존재가 무엇을 갈망하고 있는지'입니다. 곧 우리가 하느님을 체험하기를 원하고 있다는 것입니다. 이것이 모든 종교의 근본입니다. 그것은 윤리(물론 포함은 되지만)나 법률, 규범, 하느님 섬기기 연중 계획표가 아닙니다. 그것은 바로 친교, 살아 있는 하느님과의 만남입니다. "라삐, 어디에 묵고 계십니까?" 즉 하느님에 대한 진정한 체험이자 그분과의 친밀한 관계입니다.

그리스도교는 하느님께서 내 안에 어떻게 살아 존재하시는지를 깨달아 나가는 지식이지, 그분이 창조하신 모든 것을 분석함으로써 그분을 알아 나가는 게 아닙니다. 물론 우리는 인간을 포함한 창조된 우주를 연구함으로써 창조주요 조물주이신, 모든 것을 주재하신 하느님에 대해 많은 것을 알 수 있습니다. 우리는 그분의 지혜와 선하심, 능력을 알게 되고 그분에 대한 다양한 지식을 얻게 됩니다.

그러나 그분이 누구신지는 알 재간이 없습니다. 우리는 그분의 이름을 알 수 없습니다. 다만 우리는 창조가 어떻게 이루어졌는지, 창조의 부분 부분을 분석함으로써 모든 것을 만드신 하느님의 원칙과 계획을 이해할 수는 있습니다. 그리고 창조물이 움직이는 방식과 목적, 그 본성과 운동 양식을 적절히 판단할 수 있습니다.

하지만 우리는 하느님의 본성에 맞게 움직이는 방법이 무엇인지는 전혀 모릅니다. 가령 의자는 누군가가 앉기 위해 만들어졌음이 분명합니다. 어떤 사람이 의자를 만들 때는 그 목적이 앉기 위해서라는 것을 알 수 있습니다. 그러나 우리는 그 의자를 만든 이가 앉아 있는지, 서 있는지, 하늘에 떠 있는지, 그 사람 자체에 대해서는 알 수 없습니다. 의자는 의자를 만든 사람이 의자를 통해 무엇을 하려고 했는지는 말해 주지만, 의자를 만든 제작자에 대해서는 말해 주지 않습니다.

자연 철학이나 여러 종교 역시 하느님께서 우리가 어떻게 살기를 원하시는지, 어떻게 행동하기를 원하시는지 많은 것을 알려 줍니다. 그러나 하느님의 삶이 어떠한지, 그분의 행동 양식이 어떠한지를 말해 주지는 못합니다.

'하느님께서 거룩하신 것처럼 거룩하게 되어라.' '사람의 도리로 사랑하는 것이 아니라 하느님께서 사랑하시듯 사랑하여라.' 이는 예수 그리스도의 계시를 통해 아버지를 알게 된 모든 이에게 예정된 일입니다. 이것이야말로 그리스도교의 모든 것입니다. "영원한 생명이란 홀로 참하느님이신 아버지를 알고 아버지께서 보내신 예수 그리스도를 아는 것입니다."(요한 17,3)

예수님께 "라삐, 어디에 묵고 계십니까?" 하고 의식적으로 묻는 순간부터 우리는 그리스도인이 됩니다. 그 질문으로 우리는 주님을 아는 것을 선택했고 그분과의 관계를 희망함으로써 예수 그리스도의 제자가 되기 시작한 것입니다. 주님을 안다는 것은 그분에 대한 것을 아는 것이 아닙니다. 그것은 그분 자체를 아는 것, 즉 살아 계신 주님, 행동하시는 그분의 의지와 마음을 이해하고 살아가는 것을 뜻합니다. "여러분의 영과 마음이 새로워져, 진리의 의로

움과 거룩함 속에서 하느님의 모습에 따라 창조된 새 인간을 입어야 한다는 것입니다."(에페 4,23-24)

그리스도인이란 예수 그리스도의 제자답게 사고하고 판단하고 감사하는 길을 선택하며, 그렇게 선택하기 위해 노력하는 사람입니다. 그리스도인은 예수 그리스도의 마음을 '입은' 사람이자 하느님처럼 생각하는 사람입니다.

어느 세대에나 '뉴스'가 분명 있습니다. 예수님께서 당신 시대 사람들 사이에서 분란을 일으키는 존재이셨듯이, 현대에 하느님처럼 생각하며 살아가려는 사람들은 혼란스러운 존재입니다. 또 하느님처럼 생각하는 것이 나쁜 뉴스인 사람들이 있고 좋은 뉴스인 이들이 있습니다. 모든 이에게 뉴스인 것은 사실입니다. 뉴스가 아니라면 그것은 하느님의 마음이 아닙니다.

요르단 강의 세례자 요한은 새롭게 확장·해석된 십계명을 주고자 예수 그리스도께서 오셨다는 듯 규율의 종교를 선포한 것이 아닙니다. 세례자 요한은 하느님과 인간 사이에 서로 지켜야 될 구체적 상황들을 명시하며 계약서의 조항에 따라 관계하도록 계약의 종교를 선포한 것이 아닙니다. 오히려 요한은 하느님과 인간의 관계가 그 성격에 따라 서로를 향해 더 깊어질 수 있는 '서약'Covenant의 종교를 선포했습니다.

이 관계는 혼인 관계와 같습니다. 하느님은 교회에 당신을 드러내시고 교회를 당신의 신부로 택하셨습니다. 그리고 교회와 하느님을 열망하는 모든 이에게 당신의 비밀을 드러내십니다. 감추는 것이 없으십니다. 하느님은 생각하고 느끼시는 모든 것, 당신의 진심과 바람을 우리와 함께 나누기를 원하십니다. 하느님은 우리를 친밀한 일치와 깊은 이해로 부르시고 당신의 가장 깊은 내적 신비에 참여하게 하십니다. 이것이 하느님께서 우리와 맺으시는 서약입니다. 이는 마치 혼인과 같아, 서로에게 무엇을 추구할지 미리 알지 못합니다. 하지만 서로를 온 마음으로 사랑하기에 상대방을 더 깊이 알고자 노력하며, 힘들 때도 있지만, 이기심을 버리고 함께 하나를 이룹니다. 결혼을 앞둔 이들은 결혼 전에 상대방의 행동이나 서로에 대한 것을 구체적으로 미리 결정해 놓을 수 없습니다. 서로 무엇을 지켜야 하고, 무엇을 해야 할지 무 자르듯 규정을 제시하지는 않습니다. 그들은 서로 살아 숨 쉬는 생명력 있는 인간관계를 주고받습니다.

　이것이 예수님께서 우리에게 주고자 하시는 것입니다. 요르단 강가에서 세례자 요한이 선포한 것도 사람들이 무엇을 해야 하느냐가 아니라, '누구를 만날 것인가'였습니다.

　요한과 안드레아가 예수님께 "어디에 묵고 계십니까?" 하고 물었을 때, 즉 "하느님은 어디 계십니까?"라고 물었을 때 그분의 대답은 사실 대답이 아니었습니다. 하지만 그것이 유일한 대답이기도 했습니다.

　만약 예수님께서 도미니코회 수사셨다면 토마스 아퀴나스의 학식 깊은 제자답게 "하느님은 한 장소에 머물지 않으시는 영원한 성령이시므로, 어디에나 계신 동시에 어디에도 구속되지 않으신다."라고 하면서 철학 강의를 했을 것입니다. 또 예수님께서 프란치스코회 수사셨다면 이렇게 대답하셨을 수도 있습니다. "하느님은 새나 꽃과 같은 자연처럼 단순한 사물 속에, 세상의 가난한 사람들 속에 머무십니다. 그러니 들판으로 나가서, 가난한 이들에게 가서 하느님을 찾으십시오." 만약 예수님께서 예수회 회원이셨다면 이런 대답을 하셨을 수도 있습니다. "우리 학교 학생으로 들어오면 그분에 관해 가르쳐 주겠소."

다행히 예수님께서는 도미니코회나 프란치스코회 수사도 아니시고, 예수회 회원도 아니셨습니다. 그분은 다만 예수님이셨습니다. 그래서 "와서 보아라." 하셨습니다. 이 다음 장들에서도 우리는 계속해서 예수님의 초대를 받습니다.

"와서 보아라."

이 초대에 우리는 어떻게 응답을 드려야 할지 찾아야 합니다. 이것은 예수 그리스도에 관해 가르치겠다는 말이 아닙니다. 그리고 그분에 관해 어떻게 배울지도 가르치지 않을 것입니다. 다만 우리 각자가 '어떻게 그분을 만날지'를 이야기할 뿐입니다.

성숙한 기도

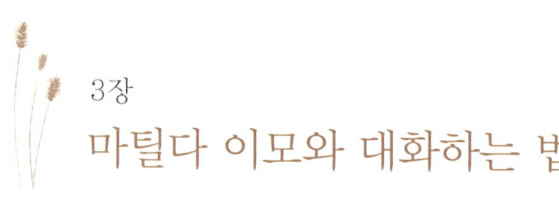
3장
마틸다 이모와 대화하는 법

 누군가를 만나 보통 가장 먼저 하는 일이 대화를 나누는 것입니다. 다른 사람과 얼마나 깊은 대화를 하느냐에 따라, 곧 나의 가치관이나 느낌, 바람을 얼마나 진지하게 나누느냐에 따라 각기 다른 인간관계가 형성됩니다.

 참된 인간관계를 맺기 위해서는 일방적이지 않고 상호적인 대화를 해야 합니다. 다시 말해 잘 들을 줄 알아야 합니다. 상대방이 무엇에 관심이 있는지, 무엇을 중요하게 여기는지, 무엇을 말하고 있는지 잘 이해하기 위해서 마음과 생각을 다해 나의 견해를 밝히고 상대방에게 충실히 귀를 기울여야만 합니다.

대화의 단계 그리고 기도

어린아이는 어떻게 말해야 하는지 잘 모릅니다. 사람은 성장하면서 표현할 줄 알게 되기 때문입니다. 보통은 부모가 어린아이에게 말하는 법을 가르쳐 줍니다. 예를 들어, 집에 마틸다 이모가 오면 어머니는 "안녕하세요, 마틸다 이모."라고 인사하라고 가르칩니다. 그러면 아이는 앵무새처럼 똑같은 어조로 "마틸다 이모, 안녕하세요?"라고 말합니다. 그렇게 "안녕하세요, 마틸다 이모." "감사합니다." "안녕히 계세요."와 같은 말들을 배웁니다. 처음 말을 배우는 초보자니까요. 그런데 만약 열여섯 살쯤 된 소년이나 소녀가 기껏 말할 수 있는 정도가 그와 같다면 마틸다 이모는 아이에게 뭔가 문제가 있다고 생각할 것입니다.

할 말을 암기하는 것은 말을 배우는 방법 중 하나입니다. 외우는 과정이 필요합니다. 그렇게 해서 우리는 다른 사람과 어떻게 대화하고 표현해야 되는지, 자세와 태도까지도 배우는 것입니다. 이렇게 배운 태도와 가치관으로 우리는 스스로를 표현할 수 있게 되어야 합니다. 이것이 바로 우리가 어른이 된다는 것, 즉 배운 것을 소화하고 자기 것으로 만드는 것입니다.

기도도 마찬가지입니다. 기도는 하느님과의 대화입니다. 어릴 때는 마치 정해진 공식을 외우듯 기도를 바칩니다. "엄마 아빠를 축복해 주세요, 하느님! 할머니 할아버지도 축복해 주세요. 저하고 마르타도 축복해 주세요." 또 집에서 기르는 고양이나 개, 혹은 곰 인형을 축복에 포함시켰을지도 모릅니다. 그것도 좋습니다. 그렇게 기도문에 다른 대상을 자의적으로 포함시킬 수 있다는 것이 바로 우리가 배우고 있다는 것, 기도문을 자기 것으로 만들고 있다는 증거이기 때문입니다.

점차 우리는 성숙한 기도, 즉 다 자라난 어른처럼 기도해야 합니다. 처음에는 기도하는 법을 잘 이해하지 못했지만 조금씩 그 의미를 깨닫게 됩니다. 어릴 때 성모송에서 "태중에 아들 예수님"이라는 부분이 무슨 뜻인지 몰랐던 때가 생각납니다. 조금 지나 다른 아이들도 나처럼 이해하지 못한다는 것을 알았습니다.

사제이자 수도자로 사는 저도 15년 동안 암송해 온 시편의 의미를 이제야 깨닫는 부분이 있습니다. 문제는 우리 중 아직도 많은 이들이 암기해서 외우는 기도의 수준에 머물고 있다는 것입니다. 물론 어릴 때부터 배운 기도를 계속해야 합니다. 자유 기도보다 훨씬 더 많은 것이 그 기도문에 담겨 있기 때문입니다. 하지만 기도는 암기해서 외우는 기도로만 끝나면 안 됩니다. 하느님과 통교하는 데 있어서 어떻게 외워서만 기도하겠습니까? 평생 "마틸다 이모, 안녕하세요?"라고만 외워 말할 수 없듯이 어릴 때 외운 기도문만 바치며 하느님과 대화할 수는 없습니다.

외워서 바치는 기도의 다음 단계로 나아간다는 것은 하느님과 자기만의 말로 대화를 하는 것을 뜻합니다. 성당 안에 앉아서, 혹은 내 방 침대에 앉아 하느님께 이야기합니다. 그분은 친구요, 아버지, 스승이요, 구원자이십니다. 나를 안내하고 치유하고 위로해 주시는 그분과 있는 그대로의 내 모습으로 대화를 나눠 봅시다. 이때야말로 편안하고 진실할 수 있습니다.

이제 다음 단계의 기도로 넘어가겠지만, 이 두 번째 단계를 소홀히 해서는 안 됩니다. 이 기도는 우리의 전 생애를 통해 계속되어야 하기 때문입니다. 사실 어떤 기도를 하더라도 기도 중간중간, 또는 기도를 마치면서 하느님께 꼭 자신의 말로 대화를 해야 합니다. 영성에서는 이를 '대화'라고 합니다. 그리고 이를 다른 이들과 함께 큰소리로 바칠 때 이것은 '공동 기도'가 됩니다. 이 기도를 우리는 좀 더 자주 해야 합니다. 공동 기도에 대해서는 책 끝에서 좀 더 다루겠습니다.

이제 세 번째 단계, 곧 듣는 단계로 넘어갑니다. 자기 말만 하는 사람은 깊은 인간관계를 맺을 수 없습니다. 자기 말만 떠드는 사람은 다른 이와 대화하는 것이나 관계를 맺는 데 관심이 없고 자기 긴장을 푸는 데만 관심을 둡니다. 그런 사람은 자기 마음속에 맺힌 것을 풀어내기 위해서 혼자 떠들고 나서 좋아합니다. 하느님께도 이렇게 할 수 있습니다. 이것이 항상 잘못된 기도라는 것은 아닙니다. 문제는 자기가 아는 대화 방법이 이것밖에 없을 때입니다. 친구를 찾아가거나 하느님께 나아가, 또는 조용한 시냇가에 서서 큰소리를 지르며 마음에 맺힌 것을 푸는 것이 잘못은 아닙니다. 그것

역시 우정의 일부이기 때문입니다. 그러나 그것은 단지 일부일 뿐입니다. 진실한 우정이나 인간관계는 서로 주고받는 것입니다. 말을 하고 나서는 들어야 합니다. 우리는 우리에게 관심을 보이는 이에게 자기 모습을 드러냅니다. 다른 이들의 이야기를 듣는 것 역시 그가 누군지 관심이 있기 때문입니다. 이처럼 서로가 서로를 알아 나가는 것은 상대방에 대한 피상적인 지식과 다릅니다.

그러면 어떤 기도가 깊은 관계 속에서 하느님을 알아 나가고 나를 열어 보이는 기도일까요? 수많은 영성가들이 여러 이름으로 불렀지만 우리는 여기서 이러한 기도를 하느님과의 만남의 기도라고 부릅시다.

만남, 사람들 그리고 하느님

우리는 사람들과 만나는 방식으로 하느님과도 만납니다. 만남의 첫 번째 단계는 상대방이 말하고 행동하는 것에 진정으로 응답하는 것입니다. 이것은 단지 주의를 기울이는 것과는 다릅니다. 상대방이 나에게 하는 말을 듣고 이해하고 주위를 기울일 수는 있지만 무슨 뜻인지 응답하지 않을 수도 있습니다. 그런데 여기서 응답을 한다는 것은 정말 듣는다는 의미이며, 상대방의 말소리가 단순히 들리는 것과는 다른 것입니다. 보다 깊은 의미가 있습니다. 응답은 상대방의 말을 듣고 더 깊이 알기 위한 선택입니다.

또한 응답한다고 해서 상대방에게 도전한다는 뜻도 아닙니다. 종종 대응을 '눈에는 눈' 식의 적대 관계로 생각하지만, 여기서는 상대방의 말에 대해 깊이 생각하는 것, 문제의식을 갖는 것, 나의 구체적인 입장을 결정하는 것을 의미합니다.

가령 어떤 파티에서 우리가 처음 만났다고 합시다. "안녕하세요?" 하고 인사를 건네면 "네, 안녕하세요."라고 대답합니다(중요한 내용 없이 다만 예의상 말을 주고받았을 뿐입니다). 그런데 당신이 "앨라배마는 잘 다녀오셨어요?" 하고 묻고, 내가 "아니요, 고속도로에서 사고가 있었어요."라고 대답했다고 합시다. 이 순간 당신에게는 선택의 여지가 생깁니다. 곧 내 말에 대꾸를 하거나 그냥 무시할 수 있는 것입니다. 당신은 내 말을 잘 알아들었습니다. 그러나 내가 정말 앨라배마에 잘 갔다 왔는지 그렇지 않은지 당신은 알지 못합니다. 아니면 사실 당신은 내 일에 별로 관심이 없을지도 모릅니다. 그저 예의상 건넨 말을 내가 진지하게 받아들이고 응답한 것일 수도 있습니다.

그럼 이제 당신 차례입니다. 당신이 정말 내게 관심이 있는지 없는지를 볼 수 있습니다. 당신이 "어머, 큰일 날 뻔했네요. 그래도 무사히 오셔서 다행이네요." 하고 말했다면 그것은 내가 던진 공을 치지 않기로 결정한 겁니다. 즉 그 사고에 대해 깊이 알고 싶지 않다고 선택한 겁니다. 당신은 고속도로에서의 사고에 대해서 관심이 없고, 그것은 곧 나에 대해서도 관심이 없다는 뜻입니다. 그렇지 않고 당신이 나에 대해서 관심이 있었다면, 나를 더 알고 싶었다면 고속도로에서의 사고에 대한 대화를 계속했을지도 모릅니다. 그 사고가 내게 어떤 영향을 끼쳤는지, 어떻게 그런 일이 일어났는지, 어떻게 해결이 되었는지 등등을 알고 싶어 했을 것입니다. 그리고 이런 대화를 통해 당신은 내가 어떤 사람인지 더 잘 알게 되었을 것입니다. 내가 어디 출신이며, 현재 어디 살고 있는지 등등.

또 이번에는 아직 기억이 생생한 자동차 사고에 대해 알고자 당신이 응답했다고 생각해 봅시다. 어떻게 할까요? 아마도 다음 단계의 질문을 할 것입니다. 그냥 통상적인 질문이 아니라, 실제 사고의 정도를 비롯해 당신의 경험과 연결되는 구체적인 질문일 것입니다. 이렇게 물을 수 있겠지요. "어쩌다 사고가 났나요?" 물론 구체적인 사고 원인을 묻는 게 아닙니다. 고속도로 순찰대나 자동차 안전 전문가들이 알고자 하는 걸 묻는 게 아닙니다. (만약 그런 전문적인 관심이었다면 이후 안전 운행이나 자동차 설계에 대한 대화가 이어질 뿐 서로에 대해 알게 될 기회는 없을 겁니다.) 당신은 사고로 인해 내가 경험한 구체적인 상황에 대해 물어본 것입니다. 곧 내게 무슨 일이 있었고, 어떻게 일을 풀어 나갔으며, 내게 어떤 영향을 끼쳤는지를 알고 싶은 것입니다. 이는 구체적이고 개인적인 나의 현실과의 연결을 의미합니다.

이 단계에서 당신은 당신 안에 어떤 특정 판단이 형성될 때까지 계속해서 내게 물을 것입니다. 그것은 당신이 공감할 수 없는 것일 수도 있고, 감탄을 금치 못할 일일 수도 있으며, 인정할 수 없는 태도나 가치일 수도 있습니다.

이 만남에서 당신은 상황에 응답하는 나의 방식이나 사물을 바라보는 방식을 보고, 당신 자신을 돌아보며 입장을 재정립하게 됩니다. 세상에 대한 나의 태도가 당신의 태도를 이전보다 강화할 수도 있고 변화시킬 수도 있습니다. 어떤 경우라도 우리의 만남을 통해서 당신이 더 지혜로워지고 여유로워지고 변화된다면, 현실에 응답하면서 하느님과 사람과 세상을 대하는 태도에 변화가 생긴다면 그 만남은 진짜인 것입니다. 그때 당신은 나를 "안다."고 말할 수 있으며, 그것은 당신이 나로 인해 변화되었기 때문입니다.

만약 나의 현실이 당신에게 아무런 영향도 끼치지 못했다면 당신은 나를 진정으로 안 것이 아닙니다. 삶에 대한 자기 자신의 응답의 가치를 대면하지 않으면서 다른 사람의 응답의 가치를 마주할 수는 없기 때문입니다.

이제 만남에 필요한 세 번째 단계로 넘어갑니다. 다른 사람의 현실에 확고한 의지를 갖고 입장을 가져야 합니다. 다시 말해, 다른 사람들의 말이나 행동에 입장을 취하는 것입니다. 혹여 내 입장이 구체적인 상황 안에서 다른 사람들과 일치하지 않으면 어쩌나 걱정할 필요는 없습니다. 이 단계에서는 아직 서로의 입장이 일치하는지 그렇지 않은지 알 수 없습니다. 그리고 다른 사람을 대할 때는 그 사람이 하는 말이나 행동을 판단하지 말아야 합니다. (하느님께도 우리가 이처럼 미지근한 태도를 취할 수 있을지 모르겠습니다.) 중요한 것은 우리가 어떤 자세를 취하느냐가 아니라, 한 자세를 의식적으로 취해야 한다는 것, 그래야만 상대와의 관계가 실제가 된다는 것입니다.

예를 들어 고속도로 사고 이야기에서, 내가 사고 차 안에 1시간이나 갇혀 있었고, 차들이 여러 대 지나갔는데도 다들 창문 너머로 나를 바라보기만 할 뿐 아무도 차를 세우지는 않더라고 말했다고 칩시다. 아마도 당신은 "어머! 그래서 어떻게 되었어요?"라고 묻고, 나는 "너무 절망스럽고, 괴로웠죠."라고 대답할 것입니다. 그리고 나도 누군가 사고로 곤란을 겪고 있는 것을 보면 절대 차를 세우지 않겠다고 말했다고 합시다.

당신은 어떻게 대꾸하겠습니까? 어쩌면 "뭐, 그렇게 생각하는 것도 재밌네요."라며 주제를 바꿀 수도 있습니다. 그것은 무슨 뜻이겠습니까? 더 깊이 관여치 않겠다는 선택입니다. 별로 상관하고 싶지 않다는 뜻입니다. 더 이상 관계를 발전시키고 싶지 않으므로 더 깊은 이야기도 원치 않는 것입니다. 나는 내가 겪은 현실에 대해 부분적으로나마 내 입장을 밝혔는데, 당신은 나나 내 입장에 대해서 어떤 자세도 취하기를 거부하며 주제를 바꿔 버린 겁니다. 그렇지 않고 당신이 내 말에 어떠한 입장을 밝혔다면 우리는 관계를 맺게 됩니다. 물론 서로 같은 의견일 수도 있고 아닐 수도 있지만, 적어도 서로의 입장을 주고받게 되는 것입니다. 말을 꺼내며 시작된 관계를 바로 끝내 버리지 않고, 서로 자신의 현실 체험을 나누며 연결 고리들을 찾아냄으로써, 마침내 자유롭게 자기 입장을 선택하고 서로의 현실을 향한 결정을 하게 됩니다.

이처럼 우리가 각자의 입장을 취할 때 비로소 진짜 관계가 시작됩니다. 싸우거나 논쟁을 벌이는가 하면 의견의 일치를 이룰 때도 있고 함께 축배를 들기도 합니다. 서로를 받아들이고 사랑하고 격려할 수도 있습니다. 그러나 그러면서도 서로가 바라보는 현실을 부인하지는 않습니다. 우리는 인격 대 인격으로 만납니다. 그래서 서로가 서로에게 뉴스가 되는 것입니다.

사람들을 참된 만남과 진짜 관계로 이끄는 대화의 세 단계가 있습니다. 첫째, 다른 이가 말하는 것을 대면합니다. 둘째, 그것이 내 경험에 어떻게 연결되는지 질문을 던집니다. 셋째, 함께한 체험에 대한 입장을 정리합니다.

만남의 기도

하느님과 만남의 기도 또한 세 가지 단계가 있습니다. 하느님께서 예수 그리스도를 통해 사람이 되어 오셨기에 우리는 사람을 만나듯이 그분을 만나게 되었습니다. 즉 사람의 방식으로 그분을 알고 소통할 수 있게 된 것입니다. 예수 그리스도 안에서 하느님은 사람이 되셨고, 사람의 말씀과 행동을 하셨고, 사람의 몸짓으로 당신을 표현하셨습니다. 우리는 하느님께서 사람들 가운데서 당신 자신을 드러내셨기에 그분과 개인적인 관계를 맺으며 인격적인 응답을 할 수 있게 된 것입니다.

　이 기도의 시작은 성경입니다. 특히 복음서와 사도행전, 서간서 등의 신약 성경입니다. 아마도 대부분은 복음서로 시작할 것입니다. 복음을 읽으면서는 먼저 두 가지를 마음에 새겨야 하겠습니다.

　① 이것은 하느님의 말씀이다. 성경에는 역사적인 서술부터 이야기 형식, 예화 등 여러 가지 형태가 사용됩니다. 문학적 표현도 있고, 비유도 있고, 심지어 유머도 있습니다. 그 모든 것의 작가는 하느님이십니다. 어디까지가 그분의 말씀이고 어디까지가 아니라고 할 수 없이, 모든 것이 그분의 말씀입니다. 그러므로 성경을 읽을 때는 하느님의 말씀을 듣는다는 생각으로 경외심을 갖고 대해야 합니다. 사람들이 서로 소통하는 데 여러 가지 방법을 쓰고 다양한 의미를 표현하듯이 하느님도 당신을 여러 가지 형태로 표현하십니다. 하지만 말씀하시는 분은 바로 하느님이십니다.

　② 하느님께서 지금 성경을 통해 말씀하신다. 하느님은 죽은 분이 아니십니다. 성경은 그분을 알도록 우리를 돕고자 남겨진 책이 아닙니다. 하느님은 지금 우리와 함께하시며 살아 계시는 분입니다. 성경을 쓰도록 사람들을 인도하신 성령께서는 우리가 성경을 읽을 때마다 하느님께서 우리에게 전달하려 하신 의미를 이해하도록 이끌어 주십니다. 하느님께서는 성경을 읽는 모든 이에게 완벽

함이라는 개인적 은사를 주지는 않으셨지만, 성경을 읽는 이가 열려 있고 들을 준비가 되어 있다면 그와 소통하십니다.

그런데 여기에 가톨릭 신자들이 성경을 읽지 않게 된 혼란과 오해가 생깁니다. 오래 전부터 가톨릭교회에서는 성경의 '개인적인 해석'에 대한 경고가 있었는데 그것이 바로 성경을 해석하지 않도록 이끌었습니다. 그래서 성경은 신학자에게만 맡기고 우리는 교리서에 의해 삶을 살아왔습니다. 여기에는 건강한 겸손도 있지만, 성경을 잘못 이해하는 비극적 요인도 들어 있습니다. 성경을 읽을 때 다음 두 가지를 기억합시다.

① 하느님의 말씀을 선포하기 위해서. 성경을 읽는 첫 번째 목적은 바로 하느님의 말씀을 선포하고, 가르치고, 그리스도의 복음을 전달하는 것입니다. 이러한 맥락에서 '개인적인 해석'의 위험성에 대한 경고가 있었던 것입니다. 아무도 성경에서 발견한 하느님 말씀의 진정한 의미를 세상에 개인적으로 선포할 자격은 없습니다. 그러한 권한을 부여받은 이도 없습니다. 오직 교회만이 성경의 의미와 뜻을 공식적으로 해석하고 설명하고 가르치게 되어 있습니다. 교회는 비록 예언자일지라도 개인적인 해석이 아니라 교회의 공적 직무를 통해 그 직무를 수행합니다. 즉 교황·주교·사제·신학자·수도자·교리 교사·주일 학교 교사 등의 교권 해석을 존중하고 교계 제도와 일치하는 이들의 협력을 통합니다. 예언자는 나팔을 불지만 교계 제도는 오케스트라를 지휘한다는 점이 중

요합니다.

　가톨릭 신자들이 그 옛날에 성경을 읽는 것의 위험성에 대해 경고를 받은 것은 개신교의 종교 개혁과 그 후유증의 역사 때문입니다. 가톨릭과 개신교는 무섭게 논쟁하고 다투며 성경으로 달려갔는데, 그것은 생명의 물을 찾아 마시기 위해서가 아니라 서로를 공격하기 위한 돌을 깨기 위해서였습니다. 사람들은 성경 구절을 생명의 빵처럼 존경스러운 마음으로 받아들인 것이 아니라, 분노하며 서로에게 던지는 공격의 돌덩이로 여겼습니다. 이러한 배경에서 가톨릭교회는 신자들이 성경을 읽을 때, 그리스도교 계시의 진정한 의미에 대한 개인적인 입장이나 신념을 합리화하는 데 성경 해석을 사용해서는 안 된다고 경고했던 것입니다.

　② 개인의 양식이요 영감으로. 성경을 읽는 또 다른 목적은 잘 알다시피 개개인의 양식으로 삼고 영감을 얻기 위함입니다. 아무도 성경에 적힌 모든 것의 객관적 의미를 깨달았다거나 찾았다고 주장할 수 없습니다. 다만 자신이 읽고 있는 하느님의 말씀이 현재의 자기 삶에 필요한 하느님의 말씀임을 믿어야 합니다. 많은 경우에 성경 구절에서 얻게 되는 생각과 영감이 그 구절 본래의 객관적 의미와 목적이 아닙니다. 사람들은 그것을 잘 알고 있습니다. 가령 어떤 사람이 "자, 어서 주님의 집으로 갑시다."라는 구절을 읽었다고 합시다. 사실 그는 오랫동안 고해성사를 보는 문제로 마음속으로 갈등하고 있던 참이었습니다. 그에게 그 구절은 엄청난 파장

을 일으켰습니다. 결국 그는 고해성사를 받고 하느님의 은총 속에서 도움을 얻었습니다. 이 경우에 그 성경 구절은 고해성사를 의미하는 어떤 의도로 적힌 것일까요? 아닙니다. 하지만 하느님께서는 그 구절을 통해 그 사람을 고해성사로 인도하신 것입니다. 그것이 바로 그 사람이 삶에서 들어야 할 이야기였기에, 하느님은 성경의 당신 말씀을 통해 그에게 다가가신 것입니다.

교회는 항상 성경을 통해서 하느님께서 살아 있는 목소리로 말씀하신다는 것을 잘 알고 있습니다. 그래서 교회는 성체성사를 통해 예수 그리스도의 참된 현존을 공경하듯이 성경을 존중해 왔습니다. 「제2차 바티칸 공의회 문헌」은 이렇게 표현합니다.

> "교회는 언제나 성경들을 주님의 몸처럼 공경하여 왔다. 왜냐하면 교회는 특히 거룩한 전례를 거행하면서 그리스도의 몸의 식탁에서뿐만 아니라 하느님 말씀의 식탁에서도 끊임없이 생명의 빵을 취하고 신자들에게 나누어 주고 있기 때문이다."
> (계시 헌장 21항)
>
> "마찬가지로 거룩한 공의회는 모든 신자, 특히 수도자들이 성경을 자주 읽음으로써 '그리스도 예수님을 아는 지식의 지고한 가치'(필리 3,8)를 얻도록 강력하고 각별하게 권고한다. 성경을 모르는 것은 그리스도를 모르는 것이다."(계시 헌장 25항)

우리가 그리스도와의 인격적 관계 안에서 깊은 만남을 원한다면 그 길은 성경을 통한 기도와 묵상에 있습니다. 이제 다음으로 이런 질문을 던질 수 있겠습니다. '성경을 통해 어떻게 기도할 것인가?'

성경과 함께하는 기도

4장
로마 군인을 위한 1마일

성경과 함께 기도하는 방법은 아주 간단합니다. 이 방법은 너무 간단해서 실패할 일도 없습니다. 진실하게 이 방법대로 기도한다면 결코 실패하지 않을 것입니다. 하지만 기도 자체가 쉽다고는 말할 수 없습니다. 쉬울 수도 있고 그렇지 않을 수도 있습니다. 그것은 각 개인과 하느님 사이의 문제입니다. 다만, 기도를 하면서 나타나는 어려움을 잘 참아 낸다면 큰 보상을 얻을 것입니다.

여기서 말하고자 하는 기도는 바로 만남Encounter의 기도입니다. 이 기도는 하느님과의 인격적인 만남을 통해 그분을 보다 깊이 잘 알게 됩니다. 먼저 그 의미부터 살펴봅시다. 만남의 기도는 우리가 스스로의 삶을 변화시킬 수 있는 결정을 할 때까지 하느님의 말씀을 계속 묵상해 나가는 것입니다.

삶을 바꾸는 변화는 클 수도 있고 작을 수도 있습니다. 어떤 신발을 살지 결정하는 자잘한 것에서부터 자신이 가진 것을 다 팔고 사막으로 가겠다는 결정처럼 커다란 일일 수 있습니다. 하지만 중요한 것은 변화가 일어나야 한다는 것입니다. 기도가 우리의 삶을 변화시키지 않는다면, 기도를 해서 기분이 아무리 좋아지더라도 그것은 기도를 한 것이 아닙니다. 그러면 이제 어떻게 해야 할지 봅시다.

비행 계획

먼저, 성경을 읽음으로써 기도를 준비합니다. 복음서 중 하나로 시작하라고 권하고 싶습니다. 복음서 하나를 정해 그것을 읽으며 기도할 수도 있고, 〈매일미사〉를 구해 그날그날의 복음을 읽고 기도할 수도 있습니다. 또 자신에게 딱 맞는 방법을 찾기 어렵다면 주변에 있는 신부나 수녀에게 도움을 청할 수도 있습니다. 사제나 수도자는 어떻게 기도할지 잘 알며, 설령 그렇지 않더라도 도와주려고 애쓸 것입니다.

그러면 하루의 기도를 위해서 얼마나 많이 읽고 준비해야 할까요? 아주 많이 읽을 필요는 없습니다. 보통 하나의 예화나 사건, 즉 복음에 나오는 기적이나 비유 이야기 또는 예수님께서 특정 주제에 대해 하신 말씀 하나 정도면 됩니다. 그리고 읽는 동안에 밑줄을 치십시오. (성경은 비싸고 고급스런 것은 피하면 좋겠습니다. 비싸고 고급스러운 성경은 앞장에 자녀들의 생일을 적어 테이블 위에 놓아 두십시오. 매일 기도에 사용할 성경은 평범한 것으로 사십시오.)

밑줄을 쳐 두면 기도하기에 좋은 문장이나 글을 뽑을 때 편리하고 심리적으로도 도움을 줍니다. 밑줄을 그을 만한 부분을 찾으면서 읽다 보면 좀 더 의미에 신경을 쓰게 되고 첫눈에 좋은지 나쁜지 자신에게 어떻게 다가오는지 의식하게 됩니다. 이러한 느낌은 기도에 도움이 됩니다. 그리고 성경을 읽다 보면 어떤 말과 문장이 튀어나와 나를 부르는 것 같을 때가 있습니다. 그러면 거기에 밑줄을 긋고 기도합니다. 또 어떤 때는 말이나 문장이 혼란스러울 때도 있습니다. 그럴 때는 조금 다른 표시로 밑줄을 그어 놓고 기회가 있을 때 해석을 찾아봅니다. 이런 목적으로 성경 주석서를 구하는데, 조금 더 경험이 쌓일 때까지는 구입을 보류해도 됩니다. 본당 신부나 수녀에게 언제든지 물어볼 수 있으니까요.

어떤 사람은 기도하기 바로 전에 성경을 읽고, 어떤 사람은 하루 전날 자기 전에 성경을 읽고 다음 날 아침에 다시 그 구절을 읽고 오후에 그것에 대해 기도하기도 합니다. 어떤 방법이나 좋습니다. 아침 일찍 기도를 한다면 그 전날 성경을 읽고 의미를 생각하며 잠이 드는 것도 지혜로운 일입니다.

또 실제 기도를 하기에 앞서 어디에서 기도를 할지 정하는 것도 중요한 일입니다. 대수롭지 않게 여길지 모르지만, 사람의 본성상 특별한 장소에 가지 않으면 기도가 잘 안 될 수도 있기 때문입니다. 기도할 때 어디로 갈지를 정하는 것은 그 사람이 얼마나 잘 기도하느냐와 깊은 관계가 있습니다. 그러므로 미리 장소를 선택해야 합니다. 기도할 때가 되어서야 찾으려고 하지 말고 미리 조용한 곳을 찾아 두어야 합니다.

세상 사람들 대부분이 수도원에 살지 않습니다. 그래서 기도할 조용한 곳을 찾기는 결코 쉬운 일이 아닙니다. 거실에는 텔레비전이 있고, 아이들의 목소리는 온 집안을 뒤흔듭니다. 보통의 집에서 기도할 만한 조용한 곳을 찾기란 쉬운 일이 아닙니다. 하지만 괜찮습니다. 그것은 보다 창조적인 노력을 발휘할 기회입니다.

시간도 문제가 될 수 있습니다. 어떤 부인들은 점심 후에 기도를 하는데, 그때가 아침 일이 끝나고 자녀들이 아직 학교에서 돌아오지 않은 때이기 때문입니다. 또 어떤 사람은 퇴근길에 잠시 교회에 들러 기도한다고 합니다. 이렇게 아침 일찍도 좋고 저녁 늦게도 가능합니다. 드물지만 한밤중에 일어나 기도하고 다시 잠자리에 들 수도 있습니다. 어찌되었든 자신에게 가능하고 실제적인 시간을 찾으면 됩니다. 그리고 기도는 되도록 한 장소에서, 하루 중 정해진 시간에 하기를 권합니다. 우리 삶에는 리듬이 중요하기 때문입니다.

됐습니다. 이제 기도를 하기 위해 시간과 장소가 정해졌습니다.

성경을 읽고 의미 있게 다가오는 곳에 밑줄을 긋습니다. 예수님의 말씀을 듣고, 그분의 행동을 봅니다. 거기서 내가 진심으로 기도드릴 것을 뽑습니다. (성경의 구절 전체를 놓고 기도할 수도 있습니다. 예를 들어 예수님이 말씀하신 이야기 전체를 보면서 그 말씀이 내 인생에서 어떤 의미가 있는지를 살펴보는 것입니다.) 자, 이제 기도할 모든 준비가 되었습니다.

활주로로 나아감

실제 기도를 시작하기에 앞서 잠시 우리 마음을 가라앉히는 시간이 꼭 필요합니다. 이 시간은 우리의 혈압을 안정시켜 주기도 할 것입니다. 올림픽 출전 선수들도 시합 전에 자기 내면의 정신 상태를 점검합니다. 기도하기 전에 방 안에 모든 스위치를 내리는 사람도 있습니다. 요컨대, 하루의 바쁘고 분주함을 떠나, 하느님의 초월적 실재를 만나기 위해 이동할 준비를 하는 것입니다.

지인 중에 선禪을 가르치는 선생이 있는데, 그가 말하길 불교 사원은 항상 정원을 거쳐서 들어간다고 합니다. 그렇게 함으로써 그 직전까지 길거리를 지나오며 느낀 마음속의 떠들썩함과 분주함을 조용히 가라앉힌답니다. 즉 다른 세상으로, 다른 현실로 들어갈 준비를 하는 것입니다.

파티에 초대되어 갈 때 준비를 하듯, 기도할 때도 마음의 준비를 해야만 합니다. 즉 하느님을 만난다는 사실에 대해 생각해야 합니다. 하느님께서 우리를 위해 마련하신 것을 얻어 누릴 흥분과 기대감 말입니다.

엔진 가속

우리가 기도하러 정해진 장소에 도착해 첫 번째로 해야 할 일은 하느님의 현존을 느끼는 것입니다. 하느님께서 나와 함께하시고 나를 감싸며 내 안에 계시다는 것을 떠올려야 합니다.

하느님은 어디에나 항상 현존하십니다. 그러나 우리가 하느님께서 바로 여기 계시다는 것을 깨닫지 못하는 한, 우리와 함께 계시지 않는다고 생각합니다. 그러므로 첫 번째로 해야 할 일은 그분의 현존을 느끼려 노력함으로써 우리가 하느님 얼굴 앞에 서 있다고 의식하는 것입니다.

그런 다음, 우리는 하느님께서 지금 여기 계심을 몸으로 실제적으로 표해야 합니다. 예를 들면 손을 가슴에 잠시 댄다든지 머리를 숙인다든지 눈을 감는다든지 말입니다. 저 같은 경우에는, 수도회에 입회해 청원자 시절에 마룻바닥에 무릎을 꿇고 입을 맞추라고 배웠습니다. 마치 주님의 천사가 떨기나무 불꽃 속에서 모세에게 말한 것처럼 말입니다. "이리 가까이 오지 마라. 네가 서 있는 곳은 거룩한 곳이니, 네 발에서 신을 벗어라."(탈출 3,5)

요컨대 하느님을 만날 때 우리는 마치 인간을 만나는 것처럼 해야 한다는 말입니다. 누구나 사람을 만날 때는 그가 누구인지, 무엇하는 사람인지 알아보고 그를 인정하는 표시를 하게 되는 법입니다. 가령 책을 읽고 있다가 아내가 방에 들어오면 미소를 짓거나 일어나 포옹합니다. 직장에서 상사가 들어오면 책상에 올려놓았던 발을 내려놓을 겁니다. 여성이 방에 들어서면 남성은 일어나 예의를 표합니다.

하느님께도 마찬가지입니다. 의식적으로 우리는 그분의 현존을 알고 있다는 표시를 해야 합니다. 그래서 마음뿐 아니라 몸으로도 그분의 현존을 인정해야 합니다. 몸과 마음을 다해 그분의 현존을 구해야 합니다.

하느님의 현존을 우리의 몸짓으로 인정하면서 마음속으로 기도를 바치십시오. 하느님의 말씀에 응답하고 이해할 수 있도록 도움을 청하십시오. 그리고 이 도움을 자신만의 말로 표현하십시오. 기도의 전문가들이 하느님의 신비를 이해하기 위해 어떻게 했는지를 보고 싶다면 솔로몬의 지혜를 청하는 기도를 살펴볼 수 있습니다

(지혜 9장 참조)

"조상들의 하느님, 자비의 주님! 당신께서는 만물을 당신의 말씀으로 만드시고 …당신 어좌에 자리를 같이한 지혜를 저에게 주시고 당신의 자녀들 가운데에서 저를 내쫓지 말아 주십시오. 정녕 저는

당신의 종, …연약하고 덧없는 인간으로서 재판과 법을 아주 조금 밖에는 이해하지 못합니다."

이러한 기도의 시작은 우리가 성경을 신학자처럼 마스터하기 위해 나선 것이 아님을 분명히 합니다. 우리는 하느님의 현존 앞에서 그분께 맞서 이야기하려는 것도 아니고, 그분 말씀 가운데 어떤 것은 받아들이고 어떤 것은 못 받아들이겠다고 계산기를 두들기는 것도 아닙니다. 우리는 하느님과 거래를 하지 않습니다. 우리는 겸손하게 그분의 발 앞에 앉아, 그분 말씀을 듣고 이해하려 할 뿐입니다.

니코데모가 저지른 실수를 살펴봅시다. 니코데모는 한밤중에 예수님을 찾아가 예수님께 도움을 드리고자 합니다. 그는 정치적으로 요직의 인물이었습니다. 반면에 예수님께서는 구설수에 오른 젊은 라삐였습니다. 니코데모는 예수님을 만나 이야기하는 모습이 사람들에게 드러나는 것은 원치 않았지만, 젊은 라삐의 말을 들어 주고 조금이라도 용기를 북돋아 주고자 했던 것입니다. 혹은 예수님께로부터 뭔가 배울 수 있다고, 그분의 지혜와 경험이라면 니코데모 자신이 지닌 문제를 말끔히 정리해 줄 수 있으리라고 생각했는지도 모릅니다. 그리고 다른 한편으로는 흥미진진한 신학적 토론을 기대하며 니코데모는 약간 저자세로 예수님께 칭찬을 던집니다. "스승님, 저희는 스승님이 하느님에게서 오신 스승이심을 알고 있습니다. 하느님께서 함께 계시지 않으면, 당신께서 일으키시는 그러한 표징들을 아무도 일으킬 수 없기 때문입니다."(요한 3,2) 그러나 예수님은 복음 어디에서도 찾아볼 수 없는 가장 대담한 응답으로 니코데모를 흔들어 놓으십니다. "내가 진실로 진실로 너에게 말한다. 누구든지 위로부터 태어나지 않으면 하느님의 나라를 볼 수 없다."(요한 3,3)

니코데모는 혼란에 빠집니다. 예수님의 말씀이 더욱 그를 혼란스럽게 합니다. "누구든지 물과 성령으로 태어나지 않으면, 하느님 나라에 들어갈 수 없다. …바람은 불고 싶은 데로 분다. 너는 그 소리를 들어도 어디에서 와 어디로 가는지 모른다. 영에서 태어난 이도 다 이와 같다."(요한 3,5-8 참조) 이쯤 되니 나이 들어 불쌍한 니코데모는 말을 더듬는 것 외에는 아무 응답도 할 수가 없었습니다. 그러자 주님께서 웃으시면서 그에게 대답하십니다. "너는 이스라엘의 스승이면서 그런 것도 모르느냐?"(요한 3,10)

그리고 예수님께서는 본론으로 들어가 부드럽지만 분명하게, 당신은 토론을 벌이기 위해 온 것이 아님을 설명하십니다. 그분은 당신이 아시는 것, 세상에서 당신만이 아시는 것을 증거하기 위해 오신 것입니다. "내가 진실로 진실로 너에게 말한다. 우리는 우리가 아는 것을 말하고 본 것을 증언한다."(요한 3,11 참조)

예수님과의 대화의 시작은 제자로서 그분을 찾는 겁니다. 제자들은 스승이 말하는 것이 사실임을 압니다. 물론 어려워서 이해를 못하고 질문을 던질 수도 있습니다. 하지만 한순간도 진리이신 분께 배우고 있음을 잊어서는 안 됩니다. 하느님과 대화를 시작할 때 우리에게 필요한 본질적인 요소는 겸손과 신앙입니다. 자기 자신의 모자람을 아는 사람이 바로 마음이 가난한 이요, 하느님의 나라는 그런 이에게 주어집니다.

지금까지 이야기해 온 것이 바로 기도의 준비입니다. 이제 우리는 성전에 들어가 주님과 이야기할 모든 준비를 마쳤습니다. 우리는 샐러드, 즉 전식을 끝낸 것입니다. 이제 메인 음식, 본론으로 들어갈 차례입니다. 우리는 활주로에 서 있습니다. 우리의 엔진은 최대 출력을 냅니다. 이륙할 때입니다.

이륙

만남의 기도는 앞서 말한 바와 같이 본질적으로 세 단계를 거칩니다. 먼저 주님께서 하시는 말씀과 대면해야 됩니다. 그리고 그 만남의 결과를 자기 자신의 경험과 연결시킬 수 있을 때까지 계속 질문을 던집니다. 그런 다음 보고 들은 것에 대해 자기만의 입장을 취합니다.

1) 대면
하느님의 말씀과 대면한다는 것은 어느 문화에서나 마찬가지겠지만 우리 문화에서도 그리 흔한 일이 아닙니다. 그리고 우리는 하느님의 말씀을 수없이 들어 왔기 때문에 이미 너무 익숙해져 특별한 점을 느끼지 못합니다. 마치 닳고 닳은 자동차 타이어처럼 아무리 달려도 우리 마음에 흔적을 내지 못합니다. 그러니 자연히 마음속에 와 닿는 것도 없는 것입니다.

그래서는 안 됩니다. 우리는 그 말씀이 하느님의 말씀이며 우리, 특히 나에게 말씀하고 계신다는 것을 기억해야 합니다. 그러기 위해서 우리는 성경을 읽을 때마다 도대체 이것이 나와 무슨 관련이 있는가 물을 수 있습니다.

예를 들어 우리에게 익숙한 성경 구절을 봅시다. "너를 재판에 걸어 네 속옷을 가지려는 자에게는 겉옷까지 내주어라. 누가 너에게 천 걸음을 가자고 강요하거든, 그와 함께 이천 걸음을 가 주어라."(마태 5,40-41) "네 뺨을 때리는 자에게 다른 뺨을 내밀고….”(루카 6,29) 수년 동안 읽어 온 구절이지만 한 번도 진지하게 대면해 본 적은 없는 것 같습니다. 그런데 어느 날 이 성경 구절을 대하는 순간, 아무도 내 겉옷을 갖겠다고 재판을 건 적이 없다는 것을 깨달았습니다. 설령 누가 그렇게 하더라도 나는 쉽게 겉옷을 빼앗기지는 않으리라 생각했습니다.

만약 멀쩡히 잘 주차되어 있는 내 차를 어떤 사람이 와서 박았다 칩시다. 그리고 오히려 자기 차의 피해를 보상하라며 나를 고소했다고 합시다. 자발적으로 피해 보상을 해 줄 뿐 아니라 새로 도색까지 하라며 돈을 내주겠습니까? 또 만약 길거리에서 누가 내 돈을 뺏어 간다면 그를 불러 "어이, 친구! 왜 내 시계는 안 가져가는가?" 하겠습니까?

혹시 누가 와서 1마일만 같이 걷자고 한다면 어떻게 하겠습니까? 예전 로마 시대의 군인들은 로마법에 따라 어느 지방에 주둔하더라도 그곳 주민에게 군대에 필요한 편의를 요구할 수 있었습니다. 당시에는 지도도 변변치 않았고 휴게소도 없었는데 팔레스타인에 주둔하는 로마 군대는 히브리어조차 몰라 길을 찾는 데 어려움을 겪었던 것입니다. 그래서 로마 군인들은 들판에서 일하는 사람이든, 장사하는 사람이든 아무나 잡아서 자기들을 다음 마을까지 안내하라고 강요했습니다. 이것이 지방 주민들에게는 큰 문제였기에, 로마법에서는 어느 군인도 지방 주민에게 1마일 이상은 강요할 수 없다고 정해 두게 되었습니다. 그 후로 군인들은 첫 번째 사람을 데려다 1마일을 걷게 한 다음, 또 다른 사람을 데려다 1마일을 걷게 하게 되었습니다.

사람들은 여러 가지 이유로 내 시간을 방해하거나 뺏습니다. 내가 제일 좋아하는 TV 프로그램을 보고 있는데 누가 전화를 해서 거기에 30분이나 붙들려 있었다고 칩시다. 그래서 나도 그가 제일 좋아하는 TV 프로그램을 볼 시간에 전화를 걸어 30분 동안 방해하겠다고 마음을 먹는다면 그것은 1마일을 같이 걸어가 주기는커녕 반대로 걸어가는 것입니다.

생각해 봅시다. 우리는 주의 깊게 성경 구절을 들어야 합니다. 장난스럽게 "네 뺨을 때리는 자에게 다른 뺨도 내밀어야지." 하고 말들을 하지만 아무도 그렇게 하는 것을 본 적은 없을 것입니다. 하느님의 말씀과 진정으로 대면했다면 주님의 말씀을 이해하지 못했거나 받아들이지 못했거나 둘 중 하나인 것입니다. 이제 두 번째 단계로 넘어갑니다.

2) 질문하기

말씀을 접하는 우리는 스스로에게 질문을 던지게 됩니다. '예수님은 무슨 뜻으로 이런 말씀을 하셨을까?' '나는 이 말씀을 어떻게 받아들여야 할까?' 여기서 우리가 정말로 중시해야 할 것이 무엇인지 드러납니다. 즉 예수님께서는 복음을 통해 우리에게 지켜야 할 규칙이 아니라, 어떻게 생각해야 되는지 그 예를 들어 주셨다는 것입니다.

그런데 우리가 복음 말씀을 단지 하나의 규칙으로 이해하고 어떤 사람이 겉옷을 뺏기 위해 재판을 건다고 그 의미를 국한시킨다면 당장 말도 안 되는 모순에 빠집니다. 그렇다고 해서 다른 사람이 내게서 무엇인가를 뺏으려고 들면 절대로 재판을 걸거나 해서는 안 된다는 뜻일까요? 예수님께서 말씀하시는 것이 단지 겉옷이나 속옷에 대한 것이라면 너무 쉽고, 반대로 모든 것에 대한 말씀이시라면 그것은 또 지켜 내기가 어렵습니다.

1마일을 걷자고 하면 1마일을 더 걸어 주고 한쪽 뺨을 때리면 다른 뺨을 내밀라는 경우에도 마찬가지입니다. 물론 이 구절을 읽고 로마 군인을 만나면 요구한 1마일하고도 또 1마일을 걸어 주겠다고 생각할 수도 있습니다. 하지만 강요 앞에서는 누구나 곤란함을 느낍니다. 사람들이 요구한다고 해서 시간을 2배로 내기는 어렵기 때문입니다.

이처럼 성경 구절을 지켜야 될 규칙으로 이해하면 예수님의 요구는 너무 작거나 너무 많거나 둘 중 하나입니다. 그러나 어느 쪽도 실제적이지는 않습니다.

그렇지 않고 성경 구절을 하나의 예화로 본다면 그 말씀이 뜻하는 바를 찾아봐야 합니다. 즉 하느님의 마음과 가슴을 이해하려고 노력해야 합니다. '예수님의 말씀을 듣고 마음으로 받아들인 사람에게는 어떠한 원칙과 태도가 생길까? 세상을 바라보는 관점이나 가치는 어떻게 달라질까? 예수님께서는 과연 여기서 나에게 무슨 말씀을 하시려는 것일까?'

잠시 생각해 보면 다음 결론에 도달할 수 있습니다. 예수님은 세 가지 예화를 통해 한 말씀을 하신 것입니다. 즉 세상 무엇도 형제에 대한 사랑보다 중요한 것은 없으며, 하느님 외에는 아무것도 중요하지 않다는 것입니다. 돈이나 시간, 상처받은 자존심 등은 그리 중요한 것이 아니라는 말씀입니다.

예수님께서는 물질 때문에 다른 이와 관계가 멀어져서는 안 된다고 말씀하시는 것일지도 모릅니다. 가령 우리가 돈이나 재산 문제로 의견을 달리할 때마다 "우리의 우정이 이런 모든 것보다 훨씬 가치가 있으니, 네가 다 가지렴. 그리고 우리 그냥 다 잊어버리자."라고 한다면 세상이 어떻게 돌아가겠습니까?

가족을 분열시키는 게 뭡니까? 친구들이 서로 마음을 열고 이야기하는 것을 막는 게 뭡니까? 왜 전쟁이 터집니까? 얼마나 많은 경우에 돈이나 물질 때문에 문제가 생깁니까? 그런데 물질에 대한 논쟁이 더 이상 일어나지 않는다는 것이 상상이 됩니까?

예를 들어 남편이 새로 산 카펫에 담뱃재를 떨어뜨렸다고 합시다. 그게 벌써 열일곱 번째입니다. 또 부인이 주차를 하다가 새 차를 긁었다고 합시다. 이런 경우가 바로 주님 말씀대로 사람이 물질보다 중요하다는 것, 지금 내 앞에 있는 사람이 그 무엇보다 소중하다는 것을 드러낼 기회입니다.

하지만 다른 사람들에게 내 시간이 그들보다 소중하다는 인상을 한 번도 주지 않을 수 있을까요? 직장 동료의 실수 때문에 3시간이나 걸려 그것을 바로잡아야 했다면 내 안의 우선순위가 무엇인지가 바로 드러나지 않을까요? 남편이 또 결혼반지를 욕실에 빼두고 직장에 출근했다면…?

제 동창생 남편은 그렇게 수없이 반지를 잊고 출근했다고 합니다. 그래서 제 동창생은 정원에 있는 모래를 욕실로 가득 퍼 날라 반지가 놓여 있는 욕조를 채워 버렸다고 합니다. 그런 다음 그녀는 자기 물건을 챙겨 집을 나와서 다시는 돌아가지 않았다고 합니다.

대부분 사람들이 소리치고 다투는 이유는 자기가 원하는 것만 빨리 간단하게 이야기하려 하기 때문입니다. 차분하게 앉아서 자기가 말하려는 바를 설명하고 느낌을 나누려는 대신에, 소리치며 요점만 성급하게 말하려고 합니다. 그것은 우리가 원만한 대인 관계보다 빨리 결과를 얻는 일에 중점을 두기 때문입니다. 하지만 사실은 1마일을 더 걸으며 서로 깊은 대화를 나누는 것이 자기 할 말만 짧게 내뱉는 것보다 나을 수 있습니다. 자기 이야기만 빨리해서는 지름길로 갈 수 없으니까요.

물론 긴급한 상황에는 이야기가 달라집니다. 텍사스에 있는 친구 하나가 당나귀를 키우고 있었는데, 유독 한 당나귀 뒤에는 절대로 서 있지 말라고 시간을 들여 설명한 일이 기억이 납니다. 그 당나귀는 설명이 다 끝나기도 전에, 미처 피할 새도 없이 힘차게 방귀를 뀌어 버렸습니다. 그럴 때는 좀 더 요점만 이야기했으면 좋았을 텐데 말입니다.

한편 감정이 상하면 상황은 참으로 어려워집니다. 다른 쪽 뺨을 내밀라는 것이 스스로를 보호하는 말처럼 들리지 않습니다. 하지만 주님 말씀은 뺨을 살짝 대라는 말이지 주먹으로 치고받고 싸우라는 것이 아닙니다. 주먹이나 방망이나 칼을 쓰는 것은 공격입니다. (게다가 오른손잡이였는지, 오른쪽 뺨을 손등으로 치라는 뜻이라고 성서 학자들은 말합니다.)

얼굴을 치는 것은 분명하고 명백한 모욕입니다. 주님께서 말씀하시는 것은 우리가 동료에 대한 사랑으로 어떠한 모욕도 견디어 내며, 그 사람과의 관계가 끊어지기 전에 다시 돌아와 더 모욕을 받을 각오를 하라는 것입니다.

예를 들어 복도를 한참 걷다가 누군가와 마주쳐 친근하게 웃어 보였다고 합시다. 그 사람은 새 직장 동료일 수도 있고, 단지 조금 지쳐 보이는 사람일 수도 있습니다. 그런데 그 사람이 아무 인사도 없이 이쪽을 무시하거나 오히려 쌀쌀맞게 쳐다봤다면 어떻겠습니까? 대부분 우리는 방어 자세로 돌아와 스스로를 보호하는 갑옷과 철모를 쓰게 됩니다. 내 목을 내밀었다가 목이 덜컹 잘렸다면 다시는 목을 내밀지 않겠지요.

예수님께서 하시려는 말씀은, 우리 자신의 감정이 상할까 겁을 내기보다 이웃을 사랑하는 데에 더 많은 가치를 둬야 한다는 것입니다.

얼마나 많은 부부들이 고통의 수많은 시간들을 보내고 이혼이라는 절대적 패배로 끝을 냅니까? 양쪽 배우자 모두 상처 속에서 헤어나지 못하고 또 상처받을까 두려워 서로에게 다가가지 못한 것입니다. 그리고 얼마나 많은 사람들이, 심지어 국가들조차 거부당하거나 모욕을 겪은 후 다시 돌아올 사랑과 겸손이 없어 폭력적으로 바뀝니까?

여기서 규칙에 대한 이야기가 아님을 다시 한 번 기억하십시오.

우리가 재산을 지키기 위해서 재판까지 가야만 되는 때가 있습니까? 예, 있습니다. 우리의 시간을 함부로 대하는 사람들에게 아무 말도 해서는 안 됩니까? 아닙니다. (만약 그렇다면 우리는 우리만의 시간을 절대 가질 수 없습니다.) 그러면 손을 내밀어도 악수하기를 거부하는 사람 앞에서 계속해서 손을 내밀고 있어야만 합니까?

규칙은 우리에게 구체적인 것을 지시합니다. 그러나 원칙은 일반적인 사고방식에 대해 알려 줍니다. 여기서 원칙은 다른 사람과의 관계를 물질이나 시간, 상처나 모욕당한 감정보다 소중히 여기라는 것입니다.

재산이나 시간, 명예를 지켜야 하는 상황은 얼마든지 생각할 수 있습니다. 하지만 이웃 사랑보다 우리의 재산을 우선시하고, 이웃을 위한 일보다 자기 시간을 더 아끼고, 다른 사람과 사랑의 관계를 돈독히 할 수 있는데도 불구하고 상처받은 자기감정에만 집착해야 하는 경우란 없습니다.

하느님께서 우리에게 바라시는 태도가 바로 이러한 것입니다. 물론 이런 자세는 인간이 자연적으로 얻는 것이 아닙니다. 하지만 이런 태도를 온 세상에 보편적인 것으로 널리 확산시킨다면 우리는 전혀 다른 것을 경험하며 세상을 살게 될 것입니다.

예수님은 '새로운 소식'입니다. 복음이 기쁜 소식good news인 것은 사람들에게 이처럼 혁명적으로 생각하고 행동하는 방식을 말해 주기 때문입니다. 하지만 어떤 사람이 한때 이런 식으로 살았다더라, 또 그것이 어딘가에 기록되어 있다더라 하는 것은 뉴스가 될 수 없습니다. 뉴스는 지금 여기, 오늘 일어나고 있는 현실에 대한 것입니다. 오늘 우리가 살고 있는 이 세상에서 예수님처럼 생각하고 행동하는 사람들이 없다면 복음은 결코 뉴스가 될 수 없습니다.

우리는 예수님의 말씀을 알고 있고, 적어도 자기가 알고 있다고 생각합니다. 그러나 사람들은 자기들이 만약 예수님처럼 생각한다면 과연 무슨 일을 할 수 있을까는 생각하지 않습니다. 예수님의 원칙대로 살아가는 사람은 스스로 뉴스가 되고 어느 시대에나 뉴스를 만드는 사람입니다. 깊이 숙고하며 하느님의 성령에 자신을 내맡길 때 그 사람은 혼자 행동하는 것이 아닙니다. 예수님께서 그 사람 안에서 활동하십니다. 예수님은 항상 뉴스이십니다. 세상이 이해할 수 없는 진리로 우리에게 오셔서 이 세상에서 항상 활동하시기 때문입니다.

앞서 어떻게 성경을 묵상할 수 있는지 자세히 설명했습니다. 그런데 막상 성경 묵상을 시작할 때 잘되지 않을 수도 있습니다. 그래서 도움이 될 만한 제안 두 가지를 준비했습니다.

먼저 미리 준비한 질문들을 던져 보십시오. 어떤 사람이 열쇠의 자물쇠를 열려고 할 때에는 이 열쇠도 넣어 보고 저 열쇠도 넣어 봅니다. 여러 열쇠 중 하나가 열릴지도 모르기 때문입니다. 언젠가 아버지로부터 키플링Rudyard Kipling의 시 한 구절을 들었는데 그것이 내게는 항상 도움을 주었다고 생각합니다.

> 나에게는 정직한 종 여섯 명이 있다네.
> (그리고 그들이 내가 아는 모든 것을 가르쳐 주었네.)
> 그들의 이름은 무엇, 어디서, 언제, 어떻게, 왜, 누구라고 한다네.

그리고 성경에서 비슷한 주제에 대해 이야기하는 다른 구절들을 떠올려 보기 바랍니다. 거기서 새로운 생각이나 새 빛을 얻을지도 모릅니다. 혹은 다른 성경에 있는 비교 구절을 찾아볼 수도 있습니다. 또 어떤 사람들은 주제별 성경, 즉 특정 주제의 성경 구절을 모아 놓은 책을 사용하기도 합니다. 개인적으로 저는 성경 신학 사전을 좋아하는데, 성경 속의 다양한 주제를 묵상하는 데 좋기 때문입니다. 그런데 실제 기도 시간에는 다른 책이나 그 주제에 관한 다른 구절을 찾아보지 않는 편이 좋습니다. 미리 조금씩 공부를 해 두는 것이 기도 시간의 묵상에 도움이 됩니다.

3) 입장 취하기

우리는 이러한 묵상의 목표가 앞으로 굳은 의지를 가지고 살아가겠다는 결심임을 항상 마음에 간직해야 합니다. 즉 만남의 기도란 하느님의 말씀을 통해 자기 삶을 변화시키겠다는 결심까지 포함한다는 것입니다. 여기서 가장 중요한 말은 '까지'입니다.

성경을 묵상하는 것 자체가 기도는 아닙니다. 우리가 삶을 바꾸겠다는 결심을 할 때까지는 다만 의도와 뜻만 있을 뿐입니다. 의지 없는 묵상은 그리스도와 아무런 실제적 관계를 가져다주지 않습니다.

성경을 묵상한다면서 삶을 재점검하지 않는 것은 위험한 일입니다. 그래서 많은 신학자들이 신앙을 잃어버리는 것입니다. 즉 그들은 읽고 공부하는 말씀에 대해 기도하지 않음으로써, 조금씩 하느님께서 그 말씀들을 통해 자신들의 영혼에 말씀하고 계신다는 사실을 잊어버립니다. 주님을 알아봄 없이 성경을 읽는 것은 성경이 곧 주님의 목소리요 말씀이심을 무의식적으로라도 부인하는 것입니다. 사도 바오로의 성체성사에 관한 경고는 성경을 읽는 데에도 적용됩니다. "주님의 몸을 분별없이 먹고 마시는 자는 자신에 대한 심판을 먹고 마시는 것입니다."(1코린 11,29)

그러므로 기도의 가장 중요한 단계는 우리가 읽고, 묵상하고, 이해한 것을 통해 자신의 입장을 의지적으로 택하는 것입니다. 그리고 의지를 갖고 드리는 그 응답은 마음에서 우러나온affective 것인 동시에 효과적인effective 것이어야 합니다. 마음에서 우러나오는 응답의 본질은 '정직'이며 효과적인 응답이 되기 위해서는 구체적이어야 합니다.

마음에서 우러나오는 응답은 진실하고, 정직하며, 주님의 말씀과 행동을 공경하는 마음으로 받아들이는 것을 뜻합니다. 우리의 의지가 진심에서 우러나올 때 주님께서 하신 일을 마음으로부터 바라게 되고 그분의 가르침을 받아들이게 됩니다.

여기서 핵심은 바로 정직입니다. 예수님께 "저는 믿습니다. 믿음이 없는 저를 도와주십시오."(마르 9,24)라고 말한 것은 옳습니다. 그리고 우리 또한 주님의 말씀을 받아들이기 어려울 때 그렇게 말씀드려야 합니다. 그분의 말씀이 틀렸기 때문이 아니라 우리는 여전히 죄인이기 때문입니다. 죄인일지언정 정직하게 주님 앞에 서는 것, 즉 눈이 멀어 빛을 보게 해 달라고 서는 것이 낫지, 보지 못하면서 보는 것처럼 거짓 흉내를 내서는 안 됩니다. "너희가 눈먼 사람이었으면 오히려 죄가 없었을 것이다. 그러나 지금 너희가 '우리는 잘 본다.' 하고 있으니, 너희 죄는 그대로 남아 있다."(요한 9,41)

그런가 하면 볼 수는 있지만 못하는 일도 있습니다. 예를 들어 이 책에서 말하고 있는 원칙들을 저 자신도 잘 살고 있지는 못합니다. 소유에 대한 걱정이나 내 시간, 감정 등이 다른 사람과의 관계보다 우선시되어서는 안 된다는 것을 저는 잘 알고 있고 그렇다고 생각하면서도 그대로 살고 있지는 못하다는 것입니다. 그래서 저는 "주님, 죄인에게 자비를 베풀어 주소서." 하고 말씀드립니다. 그것이 곧 주님의 가르침에 대한 마음에서 우러나는 저의 응답입니다.

물론 할 수 있는 만큼, 바라고 원하는 대로 살기 위해 노력해야 합니다. 다른 사람이 내 뺨을 때리듯 말로 상처를 줄 때는 쉽게 다른 뺨을 돌려대며 받아들이지 못합니다. 그런데 만약 코를 살짝 건드린 정도라면 다른 쪽 뺨을 돌려 댈 수도 있을 것 같습니다. 그리고 바쁠 때 다른 사람과 1마일을 더 걸을 준비까지는 아직 안 되어 있지만, 다른 사람과 친절하게 순순히 시간을 갖고 이야기할 수는 있습니다.

이렇게 마음에서 우러나오는 응답이 효과적인 응답이 되도록 노력하지 않는다면 그 응답은 진실할 수 없습니다. 마음에서 우러나오는 응답은 진정한 바람입니다. 그것은 되도 그만 안 되도 그만인 희망 사항이 아닙니다.

효과적인 응답이란 실제로 무언가를 하는 것을 뜻합니다. 단순한 바람이 효과적인 것이 되기 위해서는 결심을 하는 순간에 도달해야 합니다. 또한 그 결심은 구체적이어야 합니다. 사람은 시간과 공간 속에서 살고 있기에 오직 시간과 공간 속에서 활동할 수 있습니다. 기도를 더 많이 하겠다는 말은 그 자체로 결심이 아닙니다. 결심이 되기 위해서는 구체적이어야 합니다. 언제 기도할 것인지, 어디서 기도할 것인지, 어떻게 기도할 것인지 등등.

어떤 사람이 "오후 7시 13분에 차고에서 묵주기도를 바칠 거야."라고 말했다고 합시다. 그것은 결심입니다. 그리고 그는 가서 기도를 합니다. 아무도 우연히 차고로 가서 기도하지는 않습니다.

마음에서 우러나오는 응답과 효과적인 응답을 분별하기 위해서, 즉 이상과 결심 사이를 잘 구분하기 위해서는 풋볼 용어로 설명하면 쉽습니다. 이상, 즉 마음에서 바라는 응답은 마치 골라인과 같습니다. 그리고 결심, 즉 효과적인 응답은 골을 넣기 위해서 최선을 다하는 플레이와 같습니다.

    플레이를 잘하기 위해서는 골을 넣겠다는 희망과 의지로 가득 차 있어야 합니다. 이상으로 가득 차 있지 않으면 사람은 어떠한 결심도 할 수가 없는 법입니다. 그러므로 기도 중에 예수 그리스도 안에서 진심으로 마음을 모아 품게 된 이상의 아름다움을 묵상하는 것은 참 좋은 일입니다. 그것이 바로 마음에서 우러나온 기도이고, 그런 기도는 많이 할수록 좋은 것입니다.

    아무도 골라인을 쳐다만 봐서는 골을 넣을 수 없습니다. 마음에서 우러나온 기도가 실제가 되기 위해서, 진심으로 예수님처럼 되기 위해서는 쳐다만 볼 것이 아니라, 나아가 플레이를 해야 합니다. 그것이 곧 목표를 성취하기 위한 수단입니다. 골라인이 우리가 도달하고자 하는 목표이고, 그 사이에는 극복해야 할 장애물이 많습니다. 상대 팀 선수 11명이 알프스 산처럼 가로막고 있기에 우리는 공을 들고 그냥 걸어갈 수는 없습니다.

    시합 중에 주장은 단순히 "공 가지고 가서 골 넣고 와."라고 하지는 않습니다. 주장은 패스를 할지 전진을 할지, 오른쪽으로 갈지 왼쪽으로 갈지 혹은 앞으로 치고 나갈지 등을 순간순간 결정해야 합니다. 또 경우에 따라서는 터치다운을 목표로 하지 않을 때도 있습니다. 퍼스트다운을 위해 전진을 목표로 할 때가 그렇습니다. 또 앞으로 나갈 수는 없지만 유리한 지점에 공이 놓이도록 플레이를 할 때도 있습니다.

다시 말해 이상은 이상적이지만 결심은 현실적이어야 한다는 말입니다. 이상은 이상을 목표로 하지만 결심은 가능한 것을 목표로 합니다. 이상은 원하는 바를 생각하지만 결심은 실제 내가 해야 할 바를 고려합니다. 비현실적인 결심에는 실망이 따르기 마련입니다. 너무 많은 것, 너무 높은 것을 향했기 때문입니다. 그렇게 포기하기보다는 조금 낮게 목표를 조정할 줄 알아야 합니다. 즉 현재의 자신이 할 수 있는 것부터 해 나감으로써, 할 수 없는 것까지 마침내 성취하도록 준비해 나가야 합니다.

모든 사람에게는 출발점이 있습니다. 어디가 자신의 출발점인지, 자신의 역량은 얼마나 되는지 스스로 알아내야 합니다.

혼자서 날 준비가 되어 있습니까?

우리는 기도의 기초적인 방법에 대해 많은 시간을 들여 이야기했습니다. 앞서 말한 만남의 기도를 보다 전문적인 용어로는 추론적인 명상discursive meditation이라고 하며, 일반적으로 정신적인 기도mental prayer의 범주에 속합니다. 그러한 기도는 우리의 영적 힘인 기억력과 지성과 의지를 사용하는 다양한 방법을 통해서 배울 수 있습니다.

- 기억력을 사용해 대면합니다. 즉 이미 읽은 것이나 다른 어떤 것을 기억해 냅니다. (책은 곧 사람들의 기억의 기록입니다.)
- 지성을 사용해 질문을 던지면서 새로운 것과 과거의 것, 지금 보는 것과 과거에 이미 겪은 것, 그리스도의 인성과 독립적이며 자율적인 존재인 우리의 체험 사이에 연결성을 찾습니다.
- 우리는 의지적으로 자신의 입장을 정리하게 되는데, 이는 마음에서 우러나오는 것인 동시에 효과적인 것이어야 합니다. 즉 이상을 품고 구체적인 결심을 해야 합니다.

나는 어떤 입장을 취하고 있는지 자문해 봅시다. 이 책을 읽는 지금 나는 의지적으로 어떤 응답을 하고 있습니까? 기도하려고 하고 있습니까?

이상은 아름답습니다. 즉 '기도하는 사람'이 된다는 것은 아름답습니다. 예수님을 알게 되고, 그분을 만나 뵙는 것은 아름답습니다. 보고 듣는 모든 생명의 말씀에 감동하고 증거하는 그리스도인이 되는 것은 아름답습니다.

"처음부터 있어 온 것 우리가 들은 것 우리 눈으로 본 것 우리가 살펴보고 우리 손으로 만져 본 것, 이 생명의 말씀에 관하여 말하

고자 합니다."(1요한 1,1)

그런데 이상이 스스로 결심을 하기에 충분합니까? 기도할 마음이 있습니까? 그렇다면 몇 가지 필요한 것들이 있습니다.

① 기도 때 사용할 성경
② 기도를 할 시간(언제? 얼마나 길게?)
③ 기도를 할 장소
④ 기도를 할 마음의 준비

만약 스스로 또는 혼자 할 준비가 아직 안 되어 있다면 도와줄 사람을 찾아야 합니다. 친구일 수도 있고, 기혼자인 경우에는 배우자일 수도 있습니다. 누가 되었든 기도를 함께 시작할 사람이어야 합니다. 그래서 두 사람이 일주일에 한 번씩 만나 각자의 노트를 나누어 보며 서로 격려해 주는 것입니다. 마치 아침 조깅 파트너처럼 말입니다.

또는 영적 지도자나 영적 안내자도 좋습니다. 기도에 경험이 있는 사람들을 찾으십시오. 곧 신부나 수도자, 또는 기도 생활을 오랫동안 해 온 평신도도 좋습니다. 그들을 정기적으로 찾아가 이야기를 나누며, 개인적인 어려움이나 실망을 나누고 충고와 격려를 들을 수 있습니다. 본당이나 이웃에 이런 그룹이 존재한다면 그것이 단순히 성경을 공부하기 위한 그룹이라 해도 여러분에게 힘을 줄 것입니다. 이제 여기서부터는 각자 하기 나름입니다.

그리스도인의
　　　　회개

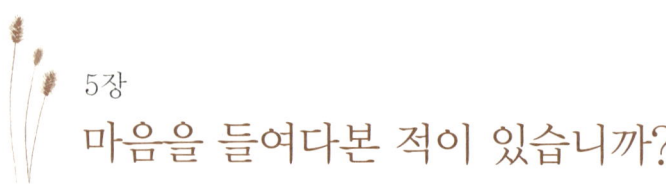

5장
마음을 들여다본 적이 있습니까?

요한과 안드레아가 예수님을 찾아와 "어디에 묵고 계십니까?" 하고 묻습니다. 예수님께서는 그들에게 "와서 보아라." 하십니다. 이는 오늘날의 우리를 향한 말씀이기도 합니다. 그러면 우리는 어떻게 주님을 '가서 뵐 수' 있을까요?

앞에서 설명했듯이 가장 먼저 우리는 예수님과 소통합니다. 거기에는 듣는 것, 질문하는 것, 응답하는 것이 모두 포함되며, 우리는 그것을 하느님과의 만남의 기도라고 부릅니다. 이것이 첫 번째 단계입니다.

두 번째 단계는 회개conversion입니다. 하느님 왕국에 대한 선포는 바로 우리를 회개로 초대하는 것입니다. 세례자 요한이 유다 광야에 나타나 선포한 주제가 바로 이것입니다. "회개하여라. 하늘나라가 가까이 왔다."(마태 3,1-2) 세례자 요한이 잡힌 뒤 예수님께서는 갈릴래아에 가시어 하느님의 복음을 선포하시며 이렇게 말씀하셨습니다. "때가 차서 하느님의 나라가 가까이 왔다. 회개하고 복음을 믿어라."(마르 1,14-15) 그리고 베드로의 오순절 설교를 듣고 사람들은 '마음이 꿰찔리듯 아파하며' 묻습니다. "형제 여러분, 우리는 어떻게 해야 합니까?" 이에 베드로는 그들에게 말합니다. "회개하십시오. 그리고 저마다 예수 그리스도의 이름으로 세례를 받아 여러분의 죄를 용서받으십시오. 그러면 성령을 선물로 받을 것입니다."(사도 2,37-38)

자신의 삶 속에서 예수 그리스도의 현존으로 인한 변화를 경험한 사람만이 그분의 현존을 체험했다고 말할 수 있습니다. 그분과의 만남으로 인한 첫 번째 결과가 바로 우리 안의 회개입니다.

회개는 우리가 생각하는 것과 다를 수 있습니다. 그것은 종교를 바꾸라는 뜻이 아닙니다. (물론 회개하는 이들 가운데 그런 일이 일어날 수는 있습니다.) 그리고 회개는 십계명을 지키려는 노력을 의미하는 것도 아닙니다. 물론 십계명을 지키는 것이 회개의 일부분이기는 하지만, 그 진정한 의미는 마음의 변화입니다. 즉 이전에 자신이 지녔던 생각을 바꾸는 것입니다. 자신의 태도를 바꾸고 가치 체계를 재구성하는 것입니다. 그것이 바로 마음의 변화입니다. 바오로 사도 또한 에페소인들에게 그것을 전하려고 노력했습니다. "여러분의 영과 마음이 새로워져…."(에페 4,23)

그리스어로 회개는 '메타노이아'metanoia이며, "마음을 바꾸다"라는 뜻입니다. 영어로 된 복음에서 이 말은 "생활의 변화" 혹은 "후회나 회개"로 번역됩니다. 결국 복음사가들이 죄를 뉘우치라고 말할 때 그것은 곧 우리의 마음을 바꾸라는 뜻입니다.

'뉘우치다'라는 말은 우리가 원하지 않는 행동들, 예를 들어 아이들에게 소리를 지르거나 부인에게 화를 내거나 술을 마시고 난동을 부리는 등의 나쁜 행동들을 불행히도 자꾸 하게 됨을 마음으로부터 미안해한다는 뜻입니다. 엄밀히 말해 애초에 싫어하거나 옳지 않다고 생각한 것은 뉘우칠 수도 없습니다. 물론 과음한 뒤에 깊이 후회할 수도 있습니다. 하지만 처음부터 좋다고 생각하지 않는 것에 대해 회개하면서 마음을 바꿀 수는 없다는 말입니다.

참된 뉘우침은, 그리고 참된 회개는 술에 취한 자기 모습을 새로운 눈으로 바라볼 때 가능합니다. 어쩌면 처음부터 좋다고 생각해 본 적도 없고, 고해성사를 자주 보면서도 사실은 한 번도 정말 나쁘다고 생각한 적이 없을 수도 있습니다. 그런데 어느 날 문득 지나친 음주로 배우자와 대화가 없어지고, 아이들과 보내는 시간도 거의 없다는 사실을 깨닫게 되는 것입니다. 그리고 자녀와 배우자가 자신의 도피적이고 무책임한 행동을 그대로 따라하고 있는 모습을 보게 됩니다. 점차 '내가 술에 취해 주정하는 것이 얼마나 나쁜지 그동안 몰랐었구나.' 하는 생각이 듭니다. 이러한 깨달음이 술버릇을 고치는 계기가 된다면 그것이 곧 회개일 수 있습니다. 뉘우치고 메타노이아를 경험한 것입니다. 진정한 뉘우침과 회개는 정말 흔치 않습니다. 사제인 저는 고해소에서 이를 드물게 경험합니다. 많은 사람들이 고해성사를 하러 오지만 진심으로 뉘우치지 않습니다. 사람들은 다만 자기 잘못에 대한 걱정을 말할 뿐입니다. 또 가끔은 자기 잘못에 대한 걱정보다 그 결과에 대해서 더 걱정할 뿐입니다.

회개는 다음 두 경우에 이루어집니다. 죄를 경멸하거나 하느님을 우러러볼 때입니다. 죄를 경멸함으로써 이루어지는 회개는 그 마음에 이미 하느님의 은총이 역사하시는 것입니다. 그러나 그것만으로는 자연스런 현상일 뿐, 어떤 종교에서나 볼 수 있는 일입니다. 물론 다른 종교에서 하느님을 바라봄 없이 단지 죄만 보고 깨닫는다는 뜻은 아닙니다. 그러나 사람의 회개가 단지 그것이 전부라면 아직은 그리스도인의 회개가 아니라는 말입니다. 그것은 복음 선포에 의한 삶의 변화가 아니기 때문입니다.

죄가 무엇인지 살펴보는 것은 예수 그리스도의 계시 없이도 가능합니다. 누구나 예수 그리스도의 복음이 있든 없든 선한 일을 하고 악한 일을 피할 수 있습니다. 악함으로부터 회개하는 것은 상식적인 차원에서도 가능하다는 말입니다. 이처럼 마음을 바꾸는 정도는 생각만 제대로 할 수 있다면 가능한 일입니다.

십계명에 대해서도 마찬가지입니다. 십계명의 대부분이 일반적이며 상식적인 윤리이기 때문입니다. 십계명을 터득하기 위해서는 굳이 예수님이 필요 없습니다. 우리는 이미 모세로부터 그것을 받았으며, 십계명을 아무리 철저히 지켜 회개한다 하더라도 그것은 그리스도인으로서 회개하는 것은 아닙니다.

예수님처럼 생각하기

세상에서 살아가고 활동하는 방법에 대해 근본적으로 마음이 바뀔 때야 비로소 우리는 그리스도교로 참으로 회심하는 것입니다. 이것은 우리가 갑자기 생각을 제대로 해서가 아니라 예수 그리스도처럼 생각하기 시작했다는 것입니다. 그리스도인으로서의 삶의 변화란 단순히 십계명을 지킨다는 의미가 아닙니다. 그것은 예수 그리스도의 가치와 태도에 따라 우리의 삶을 다시 형성하고 구성함을 뜻합니다. 즉 십계명을 훨씬 넘어서는 것입니다.

십계명은 뉴스가 아니었습니다. 하느님께로부터 모세를 통해 십계명이 주어질 때도 사람들에게 그것은 이미 뉴스가 아니었습니다. 십계명은 유다인들이 이미 알고 있던, 아니 모든 건강한 문명이나 부족이 알고 있던 옳고 그름을 재확인해 준 것에 지나지 않습니다. (여기서 말하는 건강한 문명이란 사실 그렇게 흔하지 않으며, 십계명이 중요하지 않다는 이야기도 아닙니다.)

십계명은 누구나 알아야 할 상식이기에 이미 뉴스가 아니었던 것입니다. 사람들이 스스로 파악할 수 있는 것은 뉴스가 될 수 없습니다. 반면 예수 그리스도의 가치와 삶의 방법은 뉴스였습니다. '어제도 오늘도 앞으로 영원히' 그것이 하느님의 마음과 가슴을 가르쳐 주기 때문입니다. 하느님께서 말씀하셨습니다. "내 생각은 너희 생각과 같지 않고 너희 길은 내 길과 같지 않다. 주님의 말씀이다. 하늘이 땅 위에 드높이 있듯이 내 길은 너희 길 위에, 내 생각은 너희 생각 위에 드높이 있다."(이사 55,8-9) 예수님과 그분의 말씀을 통해 하느님의 생각과 길이 우리 곁으로 다가왔습니다. 그러므로 예수님은 뉴스요, 항상 새로운 뉴스입니다.

참된 그리스도인의 회개는 죄를 살펴본다고 이루어지는 것이 아니라, 그리스도를 쳐다봄으로써, 그분을 바라볼 때 이루어집니다. 이것은 죄에 대한 깊은 깨달음이 아니라 선에 대한 더 높은 깨달음입니다. 누구나 일단 하느님을 만나는 아름다움을 경험하고 나면 자신이 지금까지 살아온 가치에 결코 만족할 수 없게 되는 것입니다.

바오로 사도도 회개한 뒤에 이렇게 말했습니다. "그러나 나에게 이롭던 것들을, 나는 그리스도 때문에 모두 해로운 것으로 여기게 되었습니다."(필리 3,7) 바오로 사도는 여기서 돈이나 쾌락이 아니라 스스로 법을 지키며 경험한 도덕성에 대해서 말합니다. 곧 윤리 자체를 반대한 것이 아니라 스스로 윤리적이라고 생각했던 것이 회개하고 나서 보니 부족해도 한참 부족함을 깨달은 것입니다.

바오로 서간은 계속해서 이렇게 전합니다. "그뿐만 아니라, 나의 주 그리스도 예수님을 아는 지식의 지고한 가치 때문에, 다른 모든 것을 해로운 것으로 여깁니다. 나는 그리스도 때문에 모든 것을 잃었지만 그것들을 쓰레기로 여깁니다. 내가 그리스도를 얻고 그분 안에 있으려는 것입니다. 율법에서 오는 나의 의로움이 아니라, 그리스도에 대한 믿음으로 말미암은 의로움, 곧 믿음을 바탕으로 하느님에게서 오는 의로움을 지니고 있으려는 것입니다."(필리 3,8-9)

그리스도교 윤리에서 십계명을 지키는 것은 당연합니다. 하지만 십계명은 출발점도 되지 못합니다. 우리가 회심해야 할 윤리는 하느님의 윤리입니다. 즉 세상과 이웃과 자기 자신, 그리고 하느님을 바라보는 방법에 있어서의 근본적인 변화이며, 이는 우리에게서 나올 수 있는 것이 아닙니다. 이 옳고 그름의 판단 기준은 하느님께로부터 오며 신앙에 근거합니다. (예수 그리스도의 신앙을 통해 우리가 갖게 된 정의justice는 단순한 윤리가 아닙니다. 바오로 사도가 말한 회개는 단순한 행동 방식을 넘어서 은총에 의한 변화입니다.)

이와 같은 회개는 우리의 가치 체계 전체, 사물을 보고 판단하는 모든 방법을 과감히 뒤집어엎는 데서 시작됩니다. "예수 그리스도의 얼굴에 나타난 하느님의 영광"(2코린 4,6)을 통해서 우리가 어둠 속에 있었음을 알게 됩니다. 우리는 새로운 빛에 따라, 즉 그리스도의 빛에 따라 살게 됩니다. 그분이야말로 우리의 길이요 진리요 생명이신 분입니다.

그리스도께 대한 완전한 회개는 우리가 지닌 이상적인 윤리를 군데군데 조금씩 바꿔 변화시키는 문제가 아닙니다. 그것은 우리 삶의 전체 목표와 방향을 바꾸는 것을 말합니다. 예수님께서 돌아보시며 물으십니다. "무엇을 찾느냐?" 이는 삶 전체에 대한 물음입니다.

패티 허스트의 '회개'에 관한 연구

예를 들어 패티 허스트(Patty Hearst, 미국 신문 재벌가의 상속녀. 1974년 SLA에 납치되었고 이후 그들과 함께 은행 강도를 저질러 유명해졌다)를 봅시다. 우리는 패티 허스트가 SLA(심바이어니즈 해방군. 1970년대 초 미국 캘리포니아 주를 중심으로 활동하던 좌익 과격파 조직)의 이상과 원칙에 진심으로 동조(회심)했는지 잘 모릅니다. 그녀는 납치되었고 세뇌를 당했습니다. 우리가 아는 것은 그 정도입니다. 그런데 그 과정에서 그녀가 살아온 삶의 기반을 바꿀 정도로 마음의 변화가 일어났을까요? 그녀가 정말 메타노이아를 경험했을까요? 우리는 잘 모릅니다.

잘은 모르지만 패티가 SLA에 동조했다고 생각해 봅시다. 적어도 재판 때 배심원들은 그렇게 믿었습니다. 그리고 패티가 믿지 않았더라도 수많은 당시의 젊은이들과, 적어도 그녀를 납치했던 사람들은 SLA의 이상을 믿었습니다.

만약 패티가 진심이었다면 그녀에게 무슨 일이 일어났을까요? 가난한 사람에게 마음을 쓰기로 하고 연간 자선 사업에 사용되는 금액을 10퍼센트 늘렸을까요? 아니면 이후 약자들을 얕보지 않기로 결심하거나 인종 차별적 농담을 안 하기로 했을까요? 아닙니다! 패티는 미국에서 가장 부유한 집안의 딸이면서 재산을 포기하고 가족을 버리고, 폭력 혁명과 테러·약탈을 일삼는 단체에 가입했습니다. 그때부터 그녀는 머리 둘 곳 없이 도망을 다니는 범죄자가 되었습니다. 어떻게 보면 그녀는 자기 삶의 모든 목표와 기반과 태도를 바꾸는 결정을 한 겁니다. 바로 그 순간부터 그녀의 모든 것은 단 한 가지를 위해 존재하게 됩니다. 어떤 것도 SLA의 목표를 빼놓고는 생각할 수 없게 된 것입니다. 그녀는 마치 바오로 사도처럼 말했습니다. "나는 모든 것을 잃었지만 그것들을 쓰레기로 여깁니다."

만약 SLA 대신에 어떤 신부가 패티를 만나 그녀의 삶이 이기적이고 추상적이며 무의미하다고 설득했다고 합시다. 신앙생활을 하지는 않았지만 그녀는 가톨릭 신자였으니까 말입니다. 그래서 그녀가 정치적 이상주의가 아니라 그리스도께 회개했다고 합시다. 그리고 이어서 그녀가 부모에게 전화를 걸어 자기가 가진 모든 것을 다 팔아 가난한 이에게 나누어 주고, 성 프란치스코처럼 그리스도를 증거하기 위해 가장 약하고 가난한 사람들을 위해 살겠다고 선포했다면 그 부모는 어떠했을까요?

물론 제가 그 부모를 잘 모르기 때문에 뭐라고 명확히 말할 수는 없지만 제 추측은 이렇습니다. 대개의 가톨릭 신자 부모들처럼 그들도 친분이 있는 신부에게 전화를 해서 그녀가 생각을 바꾸도록 얘기해 달라고 부탁할 것입니다. 그러면 부탁을 받은 신부는 그대로 설득을 시작하겠지요.

제가 아는, 보스턴에 사는 한 젊은이는 1년 동안 수도원에 들어가서 살아 볼 생각을 갖고 있었습니다. 꼭 수도자가 되겠다는 것은 아니지만 보다 깊은 영적 생활에 들어가 보기 위함이었습니다. 그래서 만반의 준비를 하고, 시골 성당의 신부로 있는 삼촌에게 가서 이야기를 꺼냈습니다. 그런데 삼촌 신부는 그에게 먼저 대학을 졸업하고 수도원에 들어가라고 충고했습니다. 청년은 그 말대로 했고, 얼마 지나지 않아 대학에서 여자를 만나 교회 밖에서 결혼식을 올려 버렸습니다. 1년 전 나이트 오브 콜럼버스(Knight of Columbus, 세계적인 가톨릭 봉사 단체) 강단에 섰을 때 만난 그의 삼촌 신부는 약간 당황하면서 이렇게 말했습니다. "다 잘되겠지. 아내 되는 아가씨가 아주 좋은 가톨릭 집안사람이니까. 게다가 그 아버지가 내 친구이니 아마 곧 교회에서 다시 결혼식을 올리겠지."

만약 패티가 모든 것을 다 팔아 가난한 사람들에게 나누어 주고 그리스도를 따르는 길을 걷겠다고 했다면 동료 그리스도인들은 그렇게 하지 말라고 말렸을 것입니다. "그건 너무 지나쳐, 패티. 그렇게까지 할 필요는 없잖아. 죽을 수도 있고 봉변을 당할 수도 있어." 지금 패티에게 무슨 말을 하는 것입니까? 예수님이 가치가 없다는 뜻입니까? 그리스도교가 모든 것을 다 바쳐서 살아야 할 가치가 없다는 것입니까? 목숨까지 바쳐야 할, 진정 희생할 가치가 없다는 뜻인가요? (여기서 말하고자 하는 것은 일반적인 극단주의가 아닙니다. 다만 삶의 기본적인 뿌리, 우리가 하는 모든 선택의 근거가 되는 존재의 뿌리에 대해 이야기하는 것입니다.)

이처럼 지나치게 조심스럽고 소심한 생각들은 패티와 같은 사람들에게 알게 모르게 그리스도교가 별로 진중하지 못한 종교라고 말하는 것입니다. 마치 케이크 위의 멋진 장식처럼 보기는 좋지만 살기 위해 꼭 먹어야 하는 음식은 아니라는 것입니다. 다시 말해 정말로 진지해질 필요는 없다는 뜻이 됩니다.

그러나 패티와 같이 그런 삶에 과감하게 뛰어든 사람들도 있습니다. 그들은 자신들이 믿는 신념을 진지하게 받아들였습니다. 그들은 신념 때문에 죽고 살 자신이 있었기에 가진 것을 다 줘 버리고 자기들처럼 신념을 위해 나서라고 패티에게도 요구할 수 있었던 것입니다. 그들에게는 모든 희생을 치를 충분한 가치와 목표가 있었습니다. 하지만 불행하게도 그들의 목표는 잘못된 것이었고, 그것은 사랑보다는 미움에 바탕을 두고 있었습니다. 이것이 바로 바오로 사도가 경고한 바입니다. "내가 모든 재산을 나누어 주고 내 몸까지 자랑스레 넘겨준다 하여도 나에게 사랑이 없으면 나에

게는 아무 소용이 없습니다."(1코린 13,3)

그들은 자기가 가진 모든 것을 포기했고 삶의 자유까지 포기했습니다. 가난한 사람들을 돕기 위해서였습니다. 하지만 그들은 로스앤젤레스에서 경찰과 총격전을 벌이며 불에 타 죽게 됩니다. 무릇 사람의 본심이란 오직 하느님께서만 판단하실 수 있지만, 그들에게는 사랑이 없었습니다. 그들이 행한 모든 일 또한 아무것도 아니었습니다. 그들 자신에게도 도움이 되지 않았고 가난한 이들에게도 도움이 되지 않았습니다. 그러나 중요한 것은 그들이 자기들이 믿는 바를 위해 자신의 전 존재를 내걸었다는 것입니다. 그들의 그러한 확신은 패티가 자기 삶의 모든 가치를 재점검하도록 이끌었습니다. 그녀의 회개가 어떻게 이루어졌든, 그녀는 이제까지 살아온 방법과는 완전히 다르게 새로운 현실과 목적을 보게 되었던 것입니다. 그녀의 전 존재가 흔들린 것입니다.

"사람들은 이 말을 듣고 마음이 꿰찔리듯 아파하며 베드로와 다른 사도들에게, '형제 여러분, 우리는 어떻게 해야 합니까?' 하고 물었다. 베드로가 그들에게 말하였다. '회개하십시오.'"(사도 2,37-38)

우리도 전적으로, 그리고 근본적으로 그렇게 되어야 합니다. 그렇지 않다면 우리는 복음을 들은 것이 아닙니다.

완전히 우리 삶을 변화시킴

이 장의 핵심은 우리의 삶을 완전히 변화시키는 것이지만 그렇다고 정치적인 급진주의자나 활동가가 되라는 말은 아닙니다. 패티와 SLA의 예를 든 것은 정치적인 변화가 아니라 그녀의 삶에 전적인 변화를 보여 주기 위해서입니다.

패티의 회개(회심)는 그녀의 삶의 뿌리에서부터 이루어졌습니다. 그것은 근본적인 변화였고 그녀의 모든 가치 체계가 시작되는 뿌리에서부터 그 마음의 변화가 시작되었습니다. 그래서 우리는 "도끼가 이미 나무뿌리에 닿아 있다."고, 즉 세례자 요한이 설교한 변화가 그녀에게도 일어났다고 말할 수 있습니다. 물론 패티의 경우에는 도끼날이 닿아 죽은 나무도, 그 자리에서 새로 난 나무도 하느님의 왕국과는 아무런 상관이 없었습니다. 그러나 그녀의 회개는 급진적Radical이었고 이는 라틴어로 '뿌리로부터의 회개'를 뜻합니다.

이 회개가 급진적인 것은 전부를 걸었기 때문입니다. 뿌리의 변화가 이루어질 때 열매 전체가 변합니다. 뿌리는 나무 제일 아래쪽에서 제일 위쪽까지 나무 전체를 변화시킬 수 있습니다. 그녀의 회개는 "무엇을 찾느냐?"는 하느님의 질문이 아니라, SLA 장교의 질문에서 시작됐지만, 그녀는 온몸으로 대답했던 것입니다. 그녀가 회개하는 바로 그 순간부터 SLA의 목표는 그녀에게 전부가 되었고, 그 가치는 그녀가 걷는 발자국마다 찍혔습니다. 이것이 바로 우리가 말하는 '회개'의 뜻입니다.

물론 이러한 설명을 위한 예가 꼭 정치적인 것만 있는 것은 아닙니다. 사도 바오로는 올림픽의 예도 사용합니다. "경기장에서 달리기하는 이들이 모두 달리지만 상을 받는 사람은 한 사람뿐이라는 것을 여러분은 모릅니까? 이와 같이 여러분도 상을 받을 수 있도록 달리십시오. 모든 경기자는 모든 일에 절제를 합니다. 그들은 썩어 없어질 화관을 얻으려고 그렇게 하지만, 우리는 썩지 않는 화관을 얻으려고 하는 것입니다."(1코린 9,24-25)

올림픽을 위한 훈련에 임하는 사람은 모든 삶이 하나의 목표를 향합니다. 즉 경기에서 이기는 것입니다. 그 목적을 위해서 그는 자신의 모든 것을 바칩니다. 어떤 것도 그 목표와 견줄 수 없습니다. 그 목표가 삶의 모든 것 위에 우선하기 때문입니다.

만약 그리스도가 이처럼 우리와 함께 있지 않다면 우리는 그분을 만난 것이 아닙니다. 그리고 그분을 주님이요, 하느님이요, 구세주로 응답하는 것도 아닙니다.

만약 그분이 이렇게 당신에게 와 계시지 않는다면 당신은 여전히 회개한 것이 아닙니다.

생활 속 그리스도교

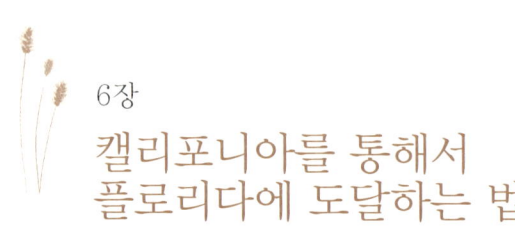

6장
캘리포니아를 통해서 플로리다에 도달하는 법

    그리스도교의 문제점은 마치 선거 투표권과 같습니다. 즉 사용하지 않으면 잃어버립니다. 신앙을 잃어버린 이야기 가운데 작가이자 철학자, 여성 운동의 선구자요 장폴 사르트르의 애인이었던 시몬 보부아르의 경우가 생각이 납니다. 그녀는 이상적인 가톨릭 소녀로 자랐습니다. 자서전 「충실한 딸의 회고」(Memoirs of a Dutiful Daughter, Harper Colophon Books)를 보면 그녀의 성장기에 대해 나옵니다. 어머니의 영향으로 시몬 보부아르는 일주일에 세 번 미사를 보았고, 학교에서도 매일 성당을 방문했으며, 준주성범을 착실히 읽는 독실한 소녀였습니다. 또한 그녀는 예수 그리스도의 일곱 가지 고통을 묵상하며 고행하기를 즐겼고, 가르멜회의 수녀가 되기를 희망하며 하느님의 사랑을 신뢰하는 긍정적인 소녀였습니다.

그러나 이것은 마치 동전처럼 시몬 보부아르의 한쪽 면일 뿐이었습니다. 그녀에게는 지적이고 독특하며 대화에 능한, 딸에게 관심이 많은 아버지가 있었습니다. 그녀의 아버지는 딸과 대화를 할 때 마치 어른과 하듯이 했습니다. 종교적으로 그는 회의주의자였고 신심은 여자나 어린아이의 것이라고 여겼기에, 딸의 종교 교육은 부인이 맡도록 했습니다. 반면 그의 주된 관심사는 정치·문학·철학이었습니다.

  시몬 보부아르는 자서전에서 이렇게 이야기합니다. "아버지의 그런 회의주의는 내게 별 영향을 끼치지 못했는데, 그것은 당시에 내가 하느님의 현존을 깊이 느끼고 있었기 때문입니다. 사실 아버지는 모든 면에서 늘 올바른 분이었는데 어떻게 너무나 명백한 사실인 하느님에 대한 진리를 모를 수 있을까 의아하게 여겼습니다. 신기하게도 신심 깊은 어머니는 그런 아버지를 아무런 문제도 없다는 듯이 자연스럽게 받아들였고, 그래서 나도 아버지의 태도를 부담 없이 받아들였습니다."

  이제 시몬 보부아르의 성장 배경이 대강 그려집니다. 그녀는 독실한 신자인 어머니와 믿지 않는 아버지 사이에서 자랐지만, 그 사이에서 별 갈등 없이 자랐습니다. 즉 아버지와 어머니가 일치하진 않았지만 서로가 서로를 인정하는 상황 속에서 자란 것입니다. 그녀는 이렇게 말했습니다. "어머니나 아버지나 교황이 성령에 의해서 뽑힌다는 것을 의심하지 않았습니다. 다만 아버지는 교황이 세상일에 개입해서는 안 된다고 믿었고 어머니도 거기에 동의했습니다. 나는 하느님에 의해 세상의 대표자로 뽑힌 사람이 왜 세상일에 관여해서는 안 되는지 모순이라고 여기며 혼자 고민했습니다."

시몬 보부아르가 볼 때 세상의 가치가 가톨릭 가치보다 우선되는 현실을 회의주의자인 아버지뿐만 아니라 신심 깊은 어머니 역시 당연하게 받아들인다는 사실이 이상했던 것입니다. 그래서 그녀는 다음과 같이 말했습니다. "어릴 때부터 나는 하느님과 카이사르 사이에 분명하게 구분을 짓는 것, 즉 각자에게 속한 것을 각자에게 바치도록 교육받았습니다. 그런데 카이사르가 왜 항상 하느님보다 더 좋은 것을 받는지 당황스러웠습니다."

시민 종교 대 그리스도교

시몬 보부아르의 가정에서 믿은 종교는 하느님의 복음에 의한 계시로 이루어진 종교가 아니라 자신이 속한 사회에서 받아들여지는 윤리적 가치와 행동 규범들이었습니다. 즉 그리스도교가 아니라 시민 종교였던 것입니다. 이것은 하느님이 주신 종교가 아니라 세상이 만든 종교였습니다. 이 종교의 시작과 끝은 바로 우리가 스스로에게 있어서 신이 되어야 한다는 절망적인 입장입니다.

겉으로 보기에는 시몬 보부아르의 어머니가 가톨릭 신자이자 좋은 사람으로 보이고 아버지는 이교도요 나쁜 사람으로 보입니다. 하지만 실제로는 어머니 쪽이 더 문제가 있는 것입니다. 그녀의 아버지는 적어도 정직했습니다. 그는 믿지 않았습니다. 그러나 그녀의 어머니는 자기가 믿는다고 고백한 신앙을 끝까지 거부하면서 살았던 것입니다.

시몬 보부아르의 어머니는 수녀들로부터 교육을 받았고, 또 수녀들은 자기들이 매우 훌륭히 교육을 시켰다고 생각할 것입니다. 또한 시몬 보부아르의 어머니는 신자로서 자신의 책임을 제대로 의식하고 살았습니다. 시몬 보부아르가 말하기를, 그녀의 어머니는 그리스도교 부모 협회에 열심히 참여했고 정기적으로 성체를 영하고 기도 생활도 성실했으며 신앙 서적도 수없이 읽었습니다. 그녀의 행동은 깊은 신앙과 희생의 모범이었습니다. 그녀는 소중히 여기는 이들을 위해서 헌신하며 살았습니다.

시몬 보부아르의 어머니에게 있어서 한 가지 문제는 자녀들을 정통 신앙을 가진 이교도로 키웠다는 것입니다. 즉 실제로는 시민 종교의 영향 아래 놓인 정통 이교도로 말입니다. 시몬 보부아르의 어머니는 자신이 속한 환경에 휩쓸린 것입니다. 그녀는 종교를 비밀스럽게 마음속에 가두어 놓고 세상살이는 마귀를 쫓은 것입니다.

시몬 보부아르는 이렇듯 아버지와 어머니 사이의 평화로운 협조적 분위기 속에서 자랐습니다. 그녀의 부모는 완전히 정반대로 인생의 의미를 바라보면서도 함께 살아가는 데에는 아무런 문제가 없었습니다. 인간의 존재 이유나 목표에 대한 이해가 완전히 다르면서도 문제없이 살았던 것입니다. 이것은 무엇을 뜻할까요?

시몬 보부아르의 어머니는 자신이 남편을 너그럽게 받아들인다고 생각했습니다. 개인적으로 자신의 믿음을 지키면서도 남편에게는 그것을 강요하지 않았기 때문입니다. 그러나 사실은 정반대였습니다. 그녀는 종교를 개인의 신앙생활에 국한시키고 세상의 종교, 즉 성 요한이 말한 '세상'과 이교도의 삶을 쫓아 산 것입니다. 그녀 자신이 세상의 규범에 끌려가며 삶을 살기로 결정한 것입니다.

만약 시몬 보부아르의 어머니가 정말 그리스도를 믿었고 그녀의 아버지가 믿지 않았다면 그들의 삶의 방향에는 다른 점이 무엇인가가 있었을 것입니다. 그런데 실상은 마치 시몬 보부아르의 어머니가 약속의 땅은 플로리다에 있는데 남편은 다만 캘리포니아를 통해서 그곳으로 간다고 생각하는 것과 같습니다. 즉 남편은 캘리포니아 쪽으로 자동차를 몰고 가고 부인은 뒷좌석에 앉아 플로리다로 가는 여행 안내서를 자녀들에게 읽어 주는 셈인 것입니다.

여기서 시몬 보부아르의 어머니는 아무런 문제점을 보지 못했습니다. 시민 종교는 세상을 살아가는 데 이롭고 편할 뿐 아니라, 죄를 짓지 말라고 가르치기 때문입니다. 여성도 다르지 않았습니다. 그래서 그녀는 십계명을 어기지도 않았고 미사에 빠지지도 않았습니다. 그녀는 자신이 고해성사를 볼 만큼 심각한 죄를 지었다고는 생각하지 못했던 것입니다.

그러나 그녀의 딸은 자라서 삶을 돌아보며 자기가 왜 신앙을 잃었는지, 무엇이 문제였는지 생각하게 됩니다. "자라면서 나의 지성적인 생활은 아버지의 영향을 받았고, 영성 생활은 어머니를 통해 이루어졌습니다. 그런데 그 두 분의 가르침은 사뭇 달랐고 공통점이 없었는데도 나는 문제의식 없이 받아들이고 자랐습니다. 그래서 나는 하느님을 세상과 내 삶에 별 관계가 없는 분으로 여겼고 이러한 태도는 내 삶 전체에 심각한 영향을 미쳤습니다."

시몬 보부아르의 성장 배경은 환경과 문화가 종교에 끼치는 영향을 보여 줍니다. 문제는 종교가 진실로 무엇인지가 아니라, 그녀의 부모가 종교를 어떻게 이해했는지입니다. 이 문제에 대해서는 우리 역시 무관하지 않습니다.

여기서 핵심은 시몬 보부아르의 어머니나 아버지가 결국은 같은 종교였다는 사실입니다. 그렇지 않았다면 그들이 같이 살 수도 없었을 겁니다. 물론 신심은 같지 않았습니다. 기본적인 삶의 방향을 나타내는 상징적 표징도 달랐습니다. 그녀는 기도 책을 읽었고, 남편은 신문을 읽었습니다. 그들은 현실을 다르게 말했을 뿐이지, 결국 같은 가치 체계 속에서 현실을 살아간 것입니다.

이러한 시몬 보부아르의 어머니의 종교관은 실제적이고 현실적으로 다가오지 않는 한 누구라도 받아들일 수 있는 것입니다. 즉 그러한 종교는 그녀의 개인 생활이고 꿈과 취미의 세상입니다. 각자 자기 마음에 드는 방법으로 위로를 찾고 꿈을 꿀 자유가 있듯이 말입니다.

그녀는 자신의 종교에서 융통성을 찾은 것이고 그렇게 함으로써 자기 남편의 종교관과 완전한 일치를 이룬 것입니다. 그것은 종교란 개인적인 정서의 문제로, 그것을 필요로 하는 사람에게는 유용하지만, 지성적이고 실제적인 사람에게는 거기에 할애할 시간이 없다는 사고방식입니다. 이러한 종교 생활이란 세상 속 진짜 생활로 뛰어들기에 앞서 이따금 하느님이 이론적으로나마 필요하다고 여기는 것일 뿐입니다. 그리고 종교는 하느님과 같은 형이상학적 존재에 관심이 있는 사람들의 것이므로 실생활이나 삶에 있어서는 그다지 의미가 있는 것이 아니라는 생각입니다.

우리는 얼마나 타협을 하고 있나?

우리 자신에게 솔직해집시다. 그리고 우리의 종교와 보부아르 부인의 종교가 어떤 차이가 있는지 바라봅시다. 실질적인 생활(시몬 보부아르가 인간의 존재 영역이라고 말한 문화·정치·경제·사회 관습 등)에서 우리는 그리스도인이 아니라고 하는 사람들과 분명히 다른 점이 있습니까? 예를 들어 말할 수 있습니까?

먼저 부차적인 사실부터 살펴봅시다. 삶의 기본이나 핵심 문제들로 들어가기에 앞서, 피상적인 것부터 살펴봅시다. 우리는 세상이 하는 대로 너무 쉽게 따라 살고 있지는 않습니까? 가령 누가 내 부인의 이름을 함부로 부른다면 가만히 있지 않을 것입니다. 그런데 우리가 믿는 하느님의 이름을 함부로 부르며 욕을 할 때는 왜 아무렇지도 않은 듯 가만히 있습니까?

우리가 살고 있는 문화에서는 남편 앞에서 그 사람의 아내가 되는 이의 이름을 함부로 부르지 않는다고 이해하고 받아들입니다. 그러나 하느님의 이름을 존중하며 함부로 부르지 않는 데 있어서는 그렇지 않습니다. 가족 가치Family Values는 시민 종교의 일부이지만 그리스도교 가치Christian Values는 그렇지 않은 것입니다.

모든 인종이 평등하다고 믿으면서 니거(nigger, 흑인을 모욕적으로 지칭하는 말)라는 말을 함부로 써도 아무런 상관이 없는 일이겠습니까? 그런데 신실한 그리스도인이라고 자처하는 사람들이 하느님의 이름을 함부로 하는 것을 용납한다는 사실입니다. 소수 집단minority groups에 대한 공공연한 모욕은 시민 종교에 반하는 것이지만 하느님에 대한 모욕은 그렇지 않다는 것입니다. 그런가 하면 시민 종교는 흑인을 형제로 대하라고 요구하지 않고, 그리스도교는 그들이 우리의 형제이며 모두 하느님의 자녀들로서 하느님을 '아버지'라고 부를 수 있다고 가르칩니다. 그렇다면 실생활에서는 어떠합니까? 예를 들어 파티를 열 때 흑인을 초대하면 다른 친구들이 오지 않을 것이기 때문에 우리는 문제를 일으키지 않으려고 조용히 흑인 친구를 초대하지 않습니다.

이런 식으로 우리는 시민 종교의 규정을 받아들입니다. 종교적인 면에서 흑인을 형제라고 하면서 사회생활에서 그들을 외면해도 큰 문제가 생기지 않습니다. 결국 이것은 흑인을 형제로 받아들이지 않으면서 "내 형제이다."라고 말만 하는 것입니다. 종교를 세상살이와 부딪치지 않는 정도로만 받아들이는 것입니다.

남녀의 육체적 관계sex에 대해서 사람들은 각기 그것을 성스럽게 여기기도 하고 엄격한 윤리적인 잣대를 들이대기도 합니다. 시민 종교는 이렇듯 그 문제에 있어서 개인적인 권리를 줍니다. 그러나 공공장소에서 지저분한 농담을 하거나 지나치게 야한 옷차림을 하거나 포르노 사진 등을 펼쳐 보는 것에 대한 항의는 잘 받아들여지지 않습니다. 특히 〈플레이보이〉 같은 음란 서적의 경우가 그러합니다. 즉 시민 종교는 기내 등의 공공장소에서 담배 연기로부터 사람들의 건강을 보호하는 일에는 철저하지만, 원하지도 않는 성적 유혹이나 자극으로 인해 개인의 권리가 침해받는 일에 대해서는 방관 자세를 취하는 것입니다.

만약 내 집에서 가든파티를 하는데, 초대되어 온 이웃집 딸이 다른 손님들을 성적으로 유혹하는 행동을 해 분위기를 이상하게 만들었다면 당장 돌아가라고 요구할 것입니다. 그러나 그 이웃집 딸이 노출이 심한 비키니를 입고 수영장에서 수영을 하고 있다면 요즘 아이들이 다 그렇다고 여기며 쫓아내지 못합니다. 성에 대해 세상의 잣대보다 보수적인 태도를 보이면 내숭을 떤다고 합니다.

비키니를 놓고도 그것이 여성의 존엄성을 해친다거나 그리스도교적인가 아닌가를 묻는 사람은 없고, 다만 시민 종교나 에티켓에 맞는가만 따집니다.

시민 종교는 단순히 이교도의 다른 이름입니다. 그리고 그것을 지키면 사회·문화적으로 인정을 받기 때문에 세상에서 괜찮은 사람이 되는 것입니다. 시몬 보부아르의 아버지도 시민 종교를 믿었지 하느님을 믿은 게 아닙니다(결국 그는 무신론자로, 선한 이교도도 아니었습니다). 이것은 시몬의 어머니 역시 알았든 몰랐든 마찬가지입니다.

그리고 분명한 사실은 우리도 그럴 수 있다는 것입니다. 그러면 우리가 입은 옷은 어떤 가치를 드러냅니까? 말씨는 어떻습니까? 어울리는 친구들은 어떻습니까? 운전하는 차는 무엇입니까? 어떤 이야기를 신뢰합니까? 식탁에는 어떤 음식을 차립니까? 어떤 이웃과 살고 있습니까? 생활을 위해 선택한 직장은 어떤 곳입니까? 휴가는 어떤 곳으로 갑니까? 어떤 정당을 지지합니까? 퇴근길에 사서 들고 가는 잡지는 어떤 종류입니까? 돈은 어떻게 씁니까? 시간 사용은 어떻습니까?

물론 이렇게 일일이 모든 것을 신경 쓰라는 말이 아닙니다. 어떻게 옷을 입고 어떤 식으로 대화를 하고 어떤 차를 몰며 무엇을 먹을지, 그리스도교적 방식이 구체적으로 모두 정해진 것은 아니기 때문입니다.

비그리스도인들의 직업이 따로 있지 않고, 세상에서 경쟁하며 살면서 특별히 그리스도인들의 직업이라고 정해 놓은 것도 없습니다. 예수님께서는 이에 대해서 어떤 규정도 만들어 놓지 않으셨습니다. 즉 무엇을 먹고 마시며 어떤 옷을 입고 어떤 차를 운전할지 등이 중요한 것이 아니라, 우리가 무언가를 할 때 어떻게 결정하느냐가 중요한 것입니다.

올림픽 참가자들을 보면서 그들이 무엇을 먹는지에 따라 구분할 수는 없습니다. 1971년 몬트리올 올림픽을 예로 들면, 아침으로 커다란 스테이크 4장을 먹은 선수가 있는가 하면, 고작 딸기 6개를 먹은 선수도 있었습니다. 여기서 분명한 사실은 두 선수 모두 오직 한 가지만을 생각하며 먹었을 것이라는 점입니다. '어떻게 하면 오늘 경기에서 이길 수 있을까?'

이처럼 자기 원칙이 분명한 운동선수들은 예의를 지키기 위해서나 다른 사람들이 다 먹기 때문에, 자신이 살아온 습관 때문에 주어진 음식을 먹는 것이 아닙니다. 그리스도인 또한 같은 맥락입니다. 먹고 마시고 옷 입고 하는 등등을 통해 다른 사람들과 구별되는 것이 아니라, 그러한 모든 것을 하느님의 영광을 위해 한다는 분명한 사실 때문에 사람들 속에서 그리스도인으로 구별되어야만 하는 것입니다. 즉 우리는 예수 그리스도의 복음에 따라 완전히, 충실히 살겠다는 의지로 살아야 합니다. 세상에 대충 맞춰 사는 것이 아니라, 우리의 생활 양식이나 행동하는 모습이 세상의 뉴스(기쁜 소식)가 되어야 하는 것입니다.

세상을 거스르는 그리스도인

그리스도인들이 예초부터 세상을 거스르는 사람nonconformist이 되려고 했던 것은 아닙니다. 그러나 그리스도인의 비전vision은 이론뿐 아니라 실제까지도 세상의 생각이나 가치와는 일치할 수 없습니다. 따라서 그리스도인이 세상에 순응하고 타협하며 살아간다면 자기 신앙이 진짜가 아니라고 여기게 되고, 하느님도 존재하지 않는다고, 설령 존재한다고 해도 그리스도인의 참하느님은 아니라고 생각하게 됩니다.

사춘기에 들어선 시몬 보부아르는 진지하게 진리가 무엇인지를 스스로 결정할 때를 맞습니다. 당시 그녀는 7년 넘게 한 달에 두 번씩 한 신부에게 정기적으로 고해성사를 보고 있었습니다. 고해성사에서 그녀는 종교적으로 잘못한 일, 즉 성체성사에 열정이 없었다거나 기도 중에 다른 생각을 했다거나 하루 중 하느님 생각을 많이 하지 못했다는 등의 자기 반성을 했습니다. 그런데 그 무렵 그녀는 고해성사에서 결코 고백하지 않는 일들을 하기 시작했습니다. 예를 들면 부모가 읽지 못하게 하는 책들을 읽거나 거짓말을 할 때도 있었습니다. 성적 상상을 즐기기도 하고 수업 중에 반항하는 태도도 보였습니다.

놀라운 것은 그녀가 그런 일들을 '죄'라고 여기지 않고 고해성사나 종교와 관련해 생각하지도 않았다는 점입니다. 그런데 그것은 그다지 새삼스러운 일이 아니었습니다. 그녀가 그때까지 자라 온 방식과 일치했기 때문입니다. 그녀의 종교는 실생활, 즉 현실과 완전히 분리되어 있어 어떠한 마찰도 가져오지 않았던 것입니다. 지식에 대한 욕구가 큰 그녀는 책을 읽은 것이었고 그녀에게 지적 생활은 종교 생활과는 아무런 관계가 없는 것이었습니다. 그리고 그녀가 부모에게 거짓말을 한 것은 그래야만이 자신이 옳다고 여기는 일을 계속할 수 있기 때문이었습니다. 남녀의 육체적 관계는 그녀에게 너무나 놀라운 발견이었습니다. 그리고 이런 모든 것은 세상의 일일 뿐이고, 세상일은 하느님과는 상관이 없다고 그녀는 생각했던 것입니다.

그녀는 자신의 종교적인 심리 상태를 이렇게 표현했습니다. "자연의 모든 것이 하느님의 현존에 대해 말해 줍니다. 하지만 분주하게 살아가는 이 세상에 하느님은 완전히 이방인이라는 생각이 분명히 듭니다. 그래서 수업 시간에 반항하거나 금지된 책들을 몰래 읽는 것에 대해 별 거리낌이 없었습니다." 이것이 바로 윤리 생활이 결핍된 신비주의이자 회개가 없는 그리스도교, 즉 철저한 환상과 착각인 것입니다.

그녀의 이러한 태만함은 오래지 않아 끝나고 맙니다. 누군가가 시몬 보부아르의 고해 신부에게 그녀가 스스로 말하듯 그런 착한 아이가 아니라고 고자질을 한 것입니다. 고해 신부는 그녀를 불러들여 훈계를 했습니다. "우리 귀여운 시몬이 변했다는 이야기를 들었다. 순종하지도 않고, 떠들고, 선생님들에게 말대꾸나 하고… 이제부터는 좀 더 주의하기를 바란다."

그 순간 그녀는 깜짝 놀랐습니다. 자신이 하느님의 신비로운 목소리라고 여기던 고해 신부가 마치 누가 죄를 짓나 감시하며 기존 체제를 유지하기 위해 부산을 떠는 감시병처럼 보여, 믿을 수가 없었습니다. '설마 하느님이 이 신부님처럼 바보 같을까? 이건 마치 어리석고 신경질적인 교회 암탉이 수선을 떠는 것 같잖아?'

그 다음부터 시몬 보부아르는 다시는 그 신부에게 고해성사를 보지 않았습니다. 하지만 다른 신부들 몇 명을 만나 성사를 보아도 도무지 마음에 들지 않았습니다. 결국 그 이후로 그녀는 신부들과는 영영 끝이 났습니다.

마침내 진실을 더 이상 부인할 수 없는 때가 온 것입니다. 시몬 보부아르의 삶에 완전한 전환점이 된 것입니다. 그녀는 당시에 대해 이렇게 말했습니다. "어느 날 저녁 창가에 기대어 구약에 나오는 금지된 과일을 먹듯이, 읽지 말라는 발자크Balzac의 책을 몰래 읽으면서 '이건 죄야.'라고 스스로에게 말했습니다. 하지만 더 이상 나 스스로를 속일 수는 없었습니다. 그리고 수도꼭지의 물이 똑똑 떨어지는 것을 들으며 세상의 재미를 절대로 포기할 수 없다는 것을 알았습니다. '이제 더 이상 하느님을 믿지 않아, 그리 놀랄 일도 아니지.' 그것은 증거였습니다. 만약 하느님을 정말 믿었다면 그처럼 가볍게 그분을 모독하도록 나 자신을 내버려 두지 않았을 것입니다. 그래서 나는 크게 놀라지 않았습니다. 하늘이든 내 마음 안이든 하느님의 현존을 믿지 않고 있는 스스로에 대해 그다지 놀라지 않았습니다. 이것은 양심의 가책을 없애기 위해서 그분을 부정하려는 것이 아니었습니다. 오히려 하느님이 내 삶에서 아무런 활동도 하지 않으심을 깨달은 것입니다. 그래서 나는 하느님은 나를 위해서 더 이상 존재하지 않으신다고 결론을 내렸습니다." 이것이 그녀가 열네 살 때였습니다. 인간이 쓴 글 가운데 가장 무서운 구절이 아닌가 싶습니다. 차갑고 의도적으로 철저히 하느님과 인간 자신의 관계를 단절해 버리는 결정을 내린 것입니다. 이것은 아돌프 히틀러처럼 미친 사람의 이야기도 아니고, 바리사이처럼 스스로를 속이는 병든 자아의 이야기도 아닙니다. 이것은 신앙과 하느님을 따르기보다 자기만의 인생을 살아가겠다는 십대 소녀의 솔직하고 분명한 선택입니다. 이후 시몬 보부아르는 37년 뒤 자신의 자서전을 쓸 때까지 이 선택을 고수했습니다. 그녀가 말했습니다. "나의 불신앙은 한 번도 흔들리지 않았습니다." 이렇게 그녀는 신앙을 상실했습니다. 우리가 아는 것은 여기까지입니다.

시몬 보부아르의 인생에서 우리는 많은 것을 배울 수 있습니다. "많이 주신 사람에게는 많이 요구하시고 많이 맡기신 사람에게는 그만큼 더 청구하신다. 그리고 누구든지 가진 자는 더 받고, 가진

것이 없는 자는 가진 것마저 빼앗길 것이다."(루카 12,48ㄴ; 19,26ㄴ)

 신앙은 방치하면 잃어버릴 뿐입니다. 시몬 보부아르의 예는 드문 경우라고 단정해 버리기 전에, 우리의 삶을 잠시 돌아봅시다. 그렇습니다! 우리도 고해성사에서 많은 윤리적인 죄들을 고백합니다. 거짓말, 성적 충동, 도둑질 등등. 이런 것을 고해성사에서 빼먹는다는 것은 생각도 못합니다. 그런 것이 종교의 일부라고 분명히 배워 왔기 때문입니다.

 그런데 우리의 실제 생활은 어떻습니까? 인종 차별에 동조한 적은 없습니까? 법을 어긴 적은? 고속도로 운전 중 맥주 깡통을 내버렸다든가 환경 오염에 일조한 적은 없습니까? 같은 인간으로서 교도소의 비인간적이고 열악한 현실에 대해 관심을 가진 적은 있습니까? 돈의 사용은 어떠합니까? 세상 기준에 따라 얼마를, 어디에, 누구와 같이 쓰고 있습니까? 상업주의나 부의 편중, 자원의 낭비에 대해서는 문제의식을 느낍니까? 가난한 나라의 형제자매에 대해서 신경을 씁니까? 하느님께서 우리에게 주신 귀한 재능을 그분의 나라를 위해 쓰고 있습니까?

 언젠가 고등학교 여학생들을 위한 피정에서 그리스도인의 돈의 사용에 대해 토론을 한 적이 있습니다. 사려 깊고 명석해 보이는 소녀가 뭔가를 생각한 뒤 탄식하듯 말했습니다. "제가 그리스도인이라면 이번 크리스마스 댄스파티 때는 새 옷을 사면 안 되겠네요?" 그리고 잠시 후 이렇게 덧붙였습니다. "하지만 댄스파티에 가려면 새 옷을 안 살 수는 없어요."

여기에 핵심이 있습니다. 플로리다에 가고 싶어 하면서 캘리포니아로 가는 차에 타고 앉아 있을 수는 없다는 말입니다. 그렇습니다. 어쩌면 그리스도인은 세상에서는 낙오자를 의미할 수도 있습니다. 그것이 모든 것을 버리고 사막으로 가라는 뜻은 아니지만, 그리스도인의 이상 때문에 사막으로 간 사람들은 세상과 타협하기보다는 세상이 주는 것을 포기했습니다. 그리스도인의 이상을 행동으로 표현한 것입니다.

우리는 댄스파티에 갈 수 있습니다. 그러나 세상 사람들이 말하는 댄스파티가 아닙니다. 우리는 작년에 입었던 옷을 당당히 입고 가서 세상과 사회가 정해 놓은 규칙대로 살지 않겠다는 것을 보여 줄 수 있습니다. 즉 세상에 끌려가는 것이 아니라 나 자신의 믿음에 따라 춤추는 것입니다. 이제 전혀 다른 댄스파티가 됩니다. 물론 이렇게 살다 보면 다른 사람들에게 잘 받아들여지지 않을 때도 있을 것입니다.

개인적으로 테네시 주 멤피스에 사는 고등학생 몇 명을 아는데, 그들은 졸업 파티 때 파트너에게 비싼 선물을 하는 대신에 그 돈으로 가난한 이웃을 돕기로 했답니다. 그 일로 인해 그들의 졸업 파티는 단순히 친구들끼리 모여 노는 세상의 유흥거리가 아니게 되었습니다. 졸업 파티가 세상에 그리스도인의 의식을 표현하는 기회, 즉 세상의 얄팍하고 천박한 가치가 아니라 진정한 그리스도인의 가치를 표현하며 즐거움을 만끽하는 기회가 된 것입니다. 물론 그들은 남들이 즐기는 댄스파티에서 떨어져 나간 낙오자처럼 보일 수도 있습니다. 그러나 그들은 엄밀한 의미에서 자기들만의 춤을 춘 것입니다. 다만 그들의 춤은 세상의 춤이 아니었던 것입니다.

그리고 그 고등학생들의 파트너들은 어떠했을까요? 확실하지는 않지만, 아마도 무엇인가 분명 생각하게 되었을 것입니다. 소년들의 행동은 그들 자신을 '그리스도의 증거자'로 만들었습니다. 그것은 그리스도의 가치와 삶의 태도를 모른다면 이해할 수 없는 행동입니다. 우리가 정말 그리스도인이 되고자 한다면, 예수 그리스도를 알고 싶다면 그 소년들처럼 삶을 변화시켜야 합니다. 변화란 나태함을 여기저기 조금씩 고치는 것이 아니라, 전체를 바꾸는 것, 즉 우리의 모든 방향과 모습을 바꾸는 것입니다. 하느님보다 더 의미 있는 것은 없습니다. 종교라는 이름만큼 가치가 있는 것은 없습니다.

시몬 보부아르는 극단적인 경우였습니다. 그녀는 하늘과 어떠한 타협도 인정하지 않았기 때문입니다. 그녀에게 세상과 종교는 완전히 분리된 것이었습니다. 우리 역시 조금씩 하느님께로부터 멀어져 가다 보면 그분의 존재조차 받아들일 수 없게 될 것입니다. 그러나 조금씩이라도 그분 가까이 나아간다면 어느새 하느님께서 존재하지 않는다는 것은 말도 되지 않은 일이 될 것입니다. 어둠 속에서 빛을 보는 순간, 그 어둠에서 완전히 떨어져 나오게 되는 것입니다.

하느님과의 관계에 있어서 과격하고 급진적이 되는 것은 좋은 일입니다. 랍비 헤셸Heschel은 이렇게 말했습니다. "하느님을 적당히 대하는 것은 신성 모독입니다." 반면 자기 자신을 관대하게 대하지 않는 것은 교만입니다. 우리는 주님처럼 하루아침에 완전하게 될 수 없기 때문입니다. 그러므로 우리는 자신의 죄와 이기심과 무지를 솔직하게 고백하고 겸손하게 제자로서 주님 발치로 나아가야 합니다. 주님께서 우리를 천천히 충만한 은총으로 이끌어 주실 것입니다. 제자는 자신의 삶 전부가 바뀔 것을 처음부터 받아들입니다. 하느님과의 만남에서 대충 또는 부분적인 변화는 없습니다. 우리에게도 예외 없이 그런 변화가 일어나야 합니다.

우리는 예수 그리스도의 삶과 가르침이 우리 안에서 일으키는 변화를 명확히 구분해 낼 수 있어야만 합니다. 만약 그 변화가 우리의 모든 것, 존재의 뿌리부터 흔드는 것이 아니라면 진정으로 그분을 만나지 않았다는 뜻입니다. 즉 그분이 우리에게 진짜가 아니었던 것입니다. 심판 날, 이러한 일이 일어나지 않기를 바랍니다.

신앙 공동체의 도움

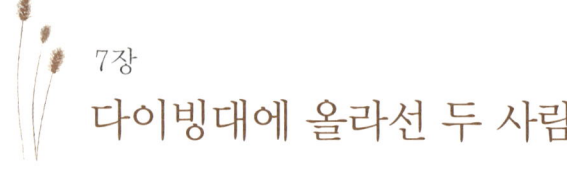

7장
다이빙대에 올라선 두 사람

앞서 그리스도를 만나기 위해 필요한 두 단계에 대해서 이야기했습니다. 첫째는 기도를 통한 대화이고 둘째는 회개입니다. 이제 "와서 보아라." 하신 예수님의 초대에 대답하기 위해 꼭 필요한 셋째 요소, 그리스도인 공동체를 살펴보겠습니다.

물론 여기서 공동체가 순서적으로 마지막 단계라는 뜻은 아닙니다. 셋, 즉 기도, 회개, 공동체 중 어떤 것이든 첫 번째도 될 수 있고 두 번째도 될 수 있고 세 번째도 될 수 있습니다. 세 가지 모두가 그리스도를 참되고 완전하게 만나기 위해서 개인의 삶에서 꼭 갖춰야 할 요소입니다.

먼저 그리스도인 공동체가 무엇인지, 그 개념을 정립하기 전에 준비 단계로 요한과 안드레아가 그리스도를 만났던 요르단 강변으로 돌아가 봅시다. 무엇이 그들을 그곳으로 가게 만들었습니까? 무엇이 그들로 하여금 예수님을 따라 길을 떠나게 했습니까?

세례자 요한의 설교 때문이었습니까? 그렇진 않았습니다. 물론 세례자 요한의 설교가 그들을 준비시켰습니다. 세례자 요한의 설교는 예수님을 가리켰습니다. 그러나 요한이 예수님을 가리켜 하느님의 어린양이라고 말했을 때 아무도 움직이지 않았습니다. 왜 그랬을까요? 그 말이 받아들이기에 너무 놀라운 말이었기 때문입니다. 너무 뜻밖이라서 아무도 받아들일 준비가 되어 있지 않았던 것입니다. 그 엄청난 선포에 그들은 뭐라고 선뜻 응답할 수 없었습니다.

요한과 안드레아가 정말 예수님을 쫓아갈 수 있었던 이유는 공동체였습니다. 요한과 안드레아가 서로를 쳐다보며 "따라 가자!"고 했던 것입니다. 그것이 바로 공동체입니다.

어릴 때 난생 처음 용기를 내어 수영장 다이빙대에 올라갔던 기억을 떠올려 보십시오. 무엇이 그곳으로 올라가게 했습니까? 다이빙대를 올려다보니 혼자 도전할 수 있겠다 싶어서 올라갔습니까? 아니면 주위의 다른 아이들이 "네가 뛰면 나도 뛸게!" 해서입니까? 사실 한 사람이 뛰어내리나 두 사람이 뛰어내리나 다이빙대가 높기는 마찬가지입니다. 그리고 다른 친구가 나 다음에 뛰어내린다고 해서 그 사실이 내 두려움을 없애 주지는 않습니다. 하지만 이상하게도 용기를 내 뛰어내리기 위해서 우리는 옆에 다른 사람을 필요로 합니다. 우리에게 함께 신앙을 살아가는 사람들, 즉 신앙공동체가 필요한 것도 이와 같습니다. 하느님의 일도 혼자서 하기에는 너무 높거나 크거나 벅찹니다. 그래서 성인이나 영웅이 있었던 것입니다. 그들은 탁월한 예언자들로, 어릴 때 아버지가 들려주신 '독수리는 혼자서 난다.'는 말처럼 살았던 이들입니다.

그러나 우리 모두가 독수리일 수는 없습니다. 물론 우리 모두 혼자 날아야 할 때가 있습니다. 마치 갈매기 조나단 리빙스턴처럼 무리를 떠날 준비를 해야만 합니다. 하느님께서 우리더러 저 높이 날라고 부르신다면 무리를 떠나는 법을 배워야 합니다. 그러나 그보다 먼저 무리와 더불어 나는 법을 배워야 합니다. 익숙한 평지를 박차고 첫 도약을 하기 위해서는 많은 도움이 필요합니다. 실제 하늘을 나는 경험 없이도 허공 속으로 맨 처음 자기 자신을 내던질 수 있으려면 주변의 도움이 절실합니다. 그렇게 동료들과 함께 날게 되고 나서야 비로소 자기 때가 왔을 때 혼자서도 날을 수 있게 됩니다.

혹시 모닥불 속에 던져진 장작개비가 어떻게 타는지 본 적이 있습니까? 장작 세 개비를 모아 놓으면 함께 잘 타오르지만, 하나씩 따로 떼어 놓으면 불길은 곧 사그라집니다. 왜 그럴까요? 산술적으로 전체는 각각의 합보다 더 클 수 없습니다. 장작에 불이 붙었으면 끝까지 잘 타야지, 모아 놓지 않았다고 왜 잘 타지 않는 것일까요? 그리고 어떻게 하나씩 따로 태울 때보다 모아서 함께 태울 때 불길도 세고 화력도 더 강할까요?

네, 그런 것입니다. 사람도 마찬가지입니다. 스스로를 불태워 빛과 열을 내려면, 즉 자기 본래의 상태를 뛰어넘기 위해서는 주변 동료의 도움이 필요합니다. 그제야 자기 자신을 넘어서서 세상의 불꽃이 될 수 있습니다.

인간은 하느님의 빛처럼 타오를 수 없습니다. 하지만 인간은 은총을 통해 하느님의 마음을 묵상하고 그분의 길을 따를 때 타오를 수 있습니다. 그래서 하느님은 이렇게 말씀하셨습니다.

> "내 생각은 너희 생각과 같지 않고 너희 길은 내 길과 같지 않다. 주님의 말씀이다."(이사 55,8)

하느님처럼 살려고 노력하고 행동하기란 결코 쉬운 일이 아닙니다. 종종 회의에 빠질 수 있습니다. '이게 옳은 일일까?' '내가 제정신일까?' '이런 행동을 하다니, 정신이 나간 게 틀림없어!' 그만큼 자신이 살아온 익숙한 방법을 버리기가 어렵기 때문입니다.

제가 아프리카 선교사로 있던 때의 일입니다. 마을 사람들이 농토를 경작하기 위해 사 둔 소들을 잃어버린 일이 있었습니다. 소를 돌보도록 고용된 젊은이가 어느 주일날 잠이 들었고, 잠에서 깼을 때는 이미 소들은 사라지고 없었습니다.

마을 사람들과 함께 말을 타고 소들을 쫓았는데, 어쩌다 보니

낯선 길로 들어서게 되었습니다. 사람들은 그 길이 마을을 통하는 시냇물과 평행으로 흐른다는 것을 알고 있었기에 얼마 더 가다가 그 길을 가로질러 갔습니다. 그런데 갑자기 길은 끊기고 방향도 잃어버렸습니다. 길을 잃으면서 방향 감각이 사라졌으므로 사람들은 어디로 가야 할지 알 수가 없었습니다. 하는 수 없이 말을 매어 놓고 달이 뜨기만을 기다렸습니다. 달이 뜨는 곳이 동쪽일 테니까요.

드디어 달이 떴는데, 하늘에 맹세코 서쪽이라고 여기던 곳에서 달이 뜨는 것이었습니다. 제 첫 반응은 달도 가끔은 서쪽에서 뜨나 하며 자연법칙을 의심하는 것이었습니다. 그런데 항상 남쪽에서 발견되는 남십자성이 저 멀리 지평선 너머로 보이는 게 아니겠습니까? 그쪽은 북쪽이라고 짐작하던 곳이었습니다!

여전히 어느 쪽으로 가야 할지 망설이고 있을 때 뒤편 숲 쪽에서 들짐승의 기척 같은 소리가 들렸습니다. 순간적으로 결정을 해야 했습니다. '달이 정말 동쪽에서 뜨고 남십자성이 정말로 남쪽에 있다면, 그리고 지금 뒤편에서 뭔가가 튀어나온다면 어떻게 해야 하지?' 그 순간 최선책은 왼쪽으로 가는 것이었습니다. 그러면 시냇물을 만나게 되고, 시냇물을 따라가다 보면 길을 찾게 될 것이고, 해 뜨기 전에 집에 도착할 수 있을 것이라고 생각했습니다. 그래서 왼쪽으로 움직였습니다. 처음에는 길처럼 보이지 않아 불안하고 아예 방향을 잘못 들어선 게 아닌가 싶었지만, 곧 작고 꼬불꼬불한 길을 만났습니다.

방향을 틀어 그 길을 따라왔다는 사실이 저 스스로 믿어지지 않았습니다. 아무리 생각해도 올바른 방향이라고 믿은 쪽을 버리고 정반대의 길을 걸어오면서 생각했습니다. '사람의 본성이란 이런 걸까? 분명 잘못된 길인 줄 알면서도 익숙한 길로 가려고 했으니 말이야.' 운 좋게도 꼬불꼬불한 길이 끝나고 다시 시냇가에 닿아 길을 찾아 돌아올 수 있었습니다.

사람의 본성은 참 그렇습니다. '이것이 맞다'는 것을 알면서도 쉽사리 그것을 따르지 못합니다. 그런데 다른 사람들이 하는 것을 보면 따라합니다. 우리가 결정을 못 내리고 대충대충 사는 사람이라서가 아닙니다. 남들이 다 하는 것을 나만 다르게 혼자 옳은 길이라고 믿고 가는 것에 부담을 느끼기 때문입니다. 가령 성가대에서 남들이 모두 낮은 음을 내는데 나 혼자 높은 음을 내야 한다고 상상해 보십시오. 남들이 다 틀린 음을 내고 있을 때 혼자만 바른 음을 낼 자신이 있습니까?

공동체가 믿음을 만든다

가톨릭계 고등학교를 다니던 시절, 인종 분리 정책은 잘못이라고 배웠습니다. 그런데 우습게도 우리 학교는 인종 분리 정책을 시행하는 학교였습니다. 인종 분리가 나쁘다는 것은 다 알았지만 학교를 통합할 생각은 아무도 하지 않았습니다. (1954년 당시 연방

대법원에서는 인종 분리 철폐 및 평등 원칙이 통과되었지만, 각 주에서는 여전히 합법적으로 인종 분리 정책이 시행되고 있었습니다. 제가 살던 주 역시 그랬고, 오히려 인종 통합 정책이 불법이었습니다.) 가톨릭계 학교 자체가 없어지는 것보다는 인종을 분리해서라도 학교가 남아 있는 편이 낫다고들 생각했던 것입니다. 결국 학교에서 우리가 배운 가르침은 그리스도교 교리를 가르칠 권리를 빼앗기고 순교자가 되느니, 복음 실천을 포기하고 시민 종교를 따르는 편이 낫다는 것이었습니다.

어떻게 그렇게 눈이 멀 수가 있었을까요? 그 편이 쉬웠던 것입니다. 눈이 먼 게 아니라 다른 사람들이 바라보는 것을 우리도 생각 없이 따라 하고 있었던 것입니다. 모든 사람이 한 방향을 바라보고 있을 때 현실의 많은 부분을 놓치기 쉽습니다. 엄청난 문제가 생기고 나서야 비로소 내가 무엇을 보고 있나 하고 되돌아보게 됩니다.

신앙의 비전faith-vision은 문화의 전반적인 세계관과 대립됩니다. 그렇기 때문에 신앙과 예언직은 항상 함께 가야 합니다. 하지만 특정 입장에 대해 신앙과 세상 문화의 관점이 일치할 때가 있습니다. 물론 완벽히 일치하는 것은 아니지만 간혹 신앙과 문화가 서로 비슷한 입장을 공유할 때가 있는데, 이런 경우에 내려진 윤리적 결정은 사람들을 고무시킵니다. 단기적으로는 이런 경우에 일이 쉽고 편해 보이지만 장기적으로 이는 대단히 위험한 일입니다. 적어도 그리스도교에서는 그렇습니다. 이는 그리스도인들이 실제로는 세상에 맞춰 살아가면서도 신앙의 입장에 따라 행동한다고 착각하게끔 만들기 때문입니다. 예를 들어 가톨릭계 학교들이 인종 분리 정책을 버리고 학교를 통합하게 된 것은 신앙의 예언직 때문이 아닙니다. 오히려 그것은 시민 종교의 규범이 통합을 최종적으로 결정했기 때문입니다. 즉 가톨릭 신자들은 자신들의 종교가 오래전부터 인종 통합을 가르쳐 왔고, 또 애초부터 실천해야 했던 일이었기에 별 문제없이 세상에 협력한 것뿐입니다.

다시 말해, 우리 종교의 이론적 가르침과 신앙 공동체의 실천이 실제로는 정반대였던 것입니다. 복음에서 명백히 반대하는 인종 분리 정책을 어떻게 그 오랜 시간 동안 받아들일 수 있었을까요? 어떻게 그리스도인이 수백 년 동안 노예 제도를 용인할 수 있었을까요? 종교 재판은 어떠했습니까? 유다인의 왕이신 나자렛 예수의 이름으로 유다인을 조직적으로 박해한 것은 도대체 어떻게 설명할 수 있습니까?

그런 일들이 가능했던 것은 신앙 공동체의 구성원들을 포함한 모든 이들이 그러했기 때문입니다. 가톨릭 신자들은 인종 분리 정책에 따라 학교를 운영하면서도 잘못된 것은 없다고 생각한 것입니다. 가톨릭 신자들은 노예들을 경매에 붙여 높은 값에 팔았습니다. 그리고 유다인을 박해하고 종교 재판에서 고문까지 했습니다. (개신교 신자들 역시 마찬가지였다고 핑계를 대는 사람이 있을지도 모르겠습니다.) 이는 우리가 사는 문화가 무지해서가 아니라 신앙 공동체가 눈이 멀고 무지했기 때문에 벌어진 일입니다. 이론적으로 '교회'는 항상 예수 그리스도의 교리를 가르쳐 왔습니다. 교회는 마치 요르단 강가의 세례자 요한처럼 "보라, 하느님의 어린양이시다."라고 선포합니다. 우리는 교회로부터, 교리 교사로부터 인종 분리 정책이 나쁘다고 배웠습니다. 그런데 바로 그 교회로부터, 그 신앙 공동체로부터, 우리를 가르친 교리 교사로부터 인종 분리 정책을 그냥 내버려 둬도 괜찮다고 배워 온 것입니다.

교회가 "보라, 하느님의 어린양이시다."라고 선포했을 때 아무도 움직이지 않았습니다. 심지어 그분을 가리킨 사람들조차 움직일 생각이 없었습니다. 이는 마치 몇 사람이 일어나 예수님을 따라나서려고 하는데 다른 사람들이 "그냥 앉아 있어!"라고 하는 것과 같습니다. 다른 사람들이 그냥 앉아 있기 때문에, 그리고 예수님에 대해 가르친 교회 지도자들이 움직일 생각을 하지 않기 때문에 신자들은 세례자 요한과 교회의 선포를 심각하게 받아들이지 않아도 된다고 결정을 본 것입니다. 그래서 모두들 그냥 앉아 있었던 것입니다. 교리 교사들에게 모든 책임을 지울 생각은 없습니다. 문제의 핵심은 우리가 공동체로서 실패했다는 것입니다. (개인적으로, 가톨릭계 초등학교부터 고등학교를 거치면서 많은 분들이 예수 그리스도의 모범을 보여 주었습니다. 돌아가신 아버지 어머니의 뒤를 따라 하늘나라에 들어가게 된다면 예수회 신부님들과 자비의 딸

수녀님들에게 감사의 인사를 드리고 싶습니다.)

모든 이가 한 방향, 예를 들어 서쪽을 바라보고 있으면 그중 한 사람이 낮은 목소리로 "예수님은 사실 동쪽에 계시는데." 하고 말해도 그것이 사람들을 돌아서게 하지는 못한다는 말입니다. 우리 가슴과 마음이 잘못됐다는 것을 알고 있다 해도 실질적으로 모든 이가 틀렸다는 것을 인정하는 일은 거의 불가능하다는 뜻입니다. 심지어 누군가가 옳지 못함을 지적해도 우리는 받아들이지 못합니다. 그만큼 행동은 말보다 영향력이 훨씬 큽니다. 어떻게 보면 행동 없는 말은 아무런 힘도 없습니다.

그리스도를 따른다는 것이 무엇인지 깨닫기 위해서는 공동체의 협력이 필요합니다. 믿기 위해서도, 또 믿는 바를 실천하기 위해서도 공동체의 협력이 필요합니다. 그리스도를 따르기 위해서는 삶 전체를 바꿔야만 한다는 사실이 지금 당장은 받아들여지지 않을 수도 있습니다. 하지만 그것 역시 공동체 안에서만 깨달을 수 있습니다.

신앙은 불안과 의심 속에서 그 싹을 틔웁니다. 복음에 나오는 동방 박사를 봅시다. 이방인인 그들은 모든 것을 활활 태워 깨끗하게 만드는 불 속에서 하느님을 찾았습니다. 밤하늘에 불타고 있는 별들을 통해서 하느님을 찾았습니다. 그런데 하느님께서는 당신 아드님을 드러내실 때 그들이 아니라 베들레헴 밖에서 양 떼를 지키는 목자들에게 천사를 보내셨습니다. 어쩌면 동방 박사에게 천사를 보냈어도 그들은 이해하지 못했을 것입니다. 하느님은 그들이 알아들을 만한 언어로 말씀하셨습니다. 즉 하늘의 별이 나타나게 하신 것입니다. 별이 나타나자 그들의 마음이 움직였습니다. 즉 뭔가 하느님께서 그들에게 특별한 말씀을 하신다는 것을 느꼈습니다. 하지만 곰곰이 생각해 볼 때 그것은 다만 수많은 혜성 중 하나이거나 우연한 현상이라고 생각할 수도 있었습니다. 별을 연구하다 보면 놀라운 현상은 한둘이 아니고 인생 역시 희한한 일이 얼마나 많습니까?

공동체는 우리가 위험을 무릅쓰도록 격려한다

위험성을 고려하면 세 명의 동방 박사가 별을 통한 하느님의 부르심에 응답했다는 것 자체가 놀라운 일입니다. 아니 어느 누가 갑자기 낙타를 타고 사막을 건너 길을 떠나겠습니까? 그렇게 하기 위해서는 너무나 많은 문제가 있습니다. 얼마나 오래 걸릴지, 가족들에게는 뭐라고 말해야 될지, 낙타에 물은 얼마나 싣고 가야 할지 등등.

만약 그 별이 하느님께로부터 온 것이 아니라면 그들은 사막에서 죽을 수도 있습니다. 그런데 다행히도 그들은 세 명이었습니다. 그들은 서로 용기를 내도록 격려했습니다. 그들이 우리처럼 보통 사람이었다면 아마도 엄청난 격려와 용기가 필요했을 것입니다. 별 속에 나타난 하느님의 부르심을 이해하지 못한 사람들이 그들이 길을 떠나는 것에 대해 수백 가지 이유를 대며 말렸을 것이기 때문입니다. 그런 면에서 우리의 신앙을 이해하지 못하는 친구는 하느님의 부르심에 응답하는 데 방해물이자 적이 될 수 있습니다.

세 명의 동방 박사는 단순한 친구들이 아니었습니다. 하늘의 별이 반짝이는 순간부터 그들은 한 신앙으로 응답을 드린 공동 운명체였던 것입니다. 누구나 신앙 공동체에서 자신에 대한 하느님의 부르심이 무엇인지 묻고 식별하고 대답을 얻을 수 있어야 합니다. 이 공동체는 하느님께서 아주 특별한 방법으로 역사하시고 은총과 위험이 공존하는 길로 사람들을 부르신다는 것을 체험하게 해 줍니다. 즉 신앙 공동체는 물 위를 걷는 위험을 감수해야만 자신을 부르시는 분이 예수님인지 유령인지를 알게 되는, 체험하는 공동체입니다.

예수님께서 물 위를 걸어 배에 타고 있는 사도들에게 오시자, 그들은 그만 유령이라고 생각했습니다. 베드로가 말했습니다. "주님, 주님이시거든 저더러 물 위를 걸어오라고 명령하십시오."(마태 14,28) 사실 베드로 사도가 벌떡 일어나 물로 나간 것도 놀랍습니다. 배에 타고 있는 사람들 중 정상적인 상식을 가진 사람이 한 명이라도 있었다면 "베드로! 바보짓 하지 마. 자네를 물에 빠트려 죽이려는 거야."라고 외쳤을 것입니다.

그런데 예수님께서 말씀하십니다. "오너라." 그리고 베드로는 뛰어듭니다. 예수님께서 "오너라!"라고 말씀하셨을 때 거기에는 또 한마디의 말이 숨겨져 있었습니다. 아마도 그분은 숨을 내쉬면서 '네 목숨을 걸고'라고 덧붙이셨을 것입니다.

하느님께의 응답은 자기 목숨을 거는 일입니다. 예수님께서 그렇게 말씀하셨습니다. "정녕 자기 목숨을 구하려는 사람은 목숨을 잃을 것이고, 나와 복음 때문에 목숨을 잃는 사람은 목숨을 구할 것이다."(마르 8,35) 나아가 자신의 목숨을 걸지 않으면 어떤 응답도 하느님 앞에 가치가 없습니다.

흔히 도박하는 사람들은 옆에서 훈수 두는 사람들에게 말만 하지 말고 직접 돈을 걸어 보라고 말합니다. 왜 그렇게 말합니까? 도박은 돈으로 하는 것이기 때문입니다. 결혼한 부부는 몸으로 사랑을 표현합니다. 혼인을 통해 그들은 둘이 아니라 하나의 몸이 되었기 때문입니다. 한 사람이 다른 이에게 "이는 내 몸이니 당신에게 내어 주겠소." 한 것입니다. 이처럼 우리가 하느님의 부르심에 응답할 때, 즉 생명 자체이신 그분께 응답할 때 우리가 쓸 수 있는 사랑의 언어는 바로 그 생명 자체이어야만 하는 것입니다.

아브라함은 날이 갈수록 번창하는 부자였습니다. 그가 키우는 양들의 숫자는 계속 늘었고 늘어만 가는 수많은 염소는 아브라함을 그 고장에서 가장 유명한 사람으로 만들어 주었습니다. 그런 그에게 문제가 하나 있었습니다. 아브라함에게는 아이가 없었던 것입니다. 그의 부인은 아이를 낳지 못했습니다. 그리고 이제 나이

들어 더 이상 아이를 가질 수 없는 아브라함은 자기가 죽으면 '이 모든 것이 무슨 의미가 있나?' 생각합니다.

아브라함은 원시 부족 시대의 사람이었습니다. 당시는 문화나 정치는 말할 것도 없고 과학도 아직 발달하지 않았었습니다. 삶이란 주로 양이나 염소를 키우는 일이었습니다. 그 시대에 다른 사람보다 더 뛰어나거나 부족에서 자신을 드러내는 최선의 방법은 오직 다른 동료들보다 훨씬 더 많은 양과 염소를 키우는 것이었습니다. 아브라함은 그렇게 했지만, 그가 죽고 나면 아무 소용도 없는 일들이었습니다. 그는 후계자가 없었고 아무도 그의 이름을 기억하지 않을 것입니다. 그의 소 떼와 양 떼는 부족들 사이에 나누어질 것이고 그의 이름도 흐지부지 잊힐 것입니다. 그의 삶의 업적은 그렇게 부족들 사이에 흡수되고 그의 삶의 의미도 사라질 것입니다. 이것은 그에게 정말 심각한 문제였습니다.

그런데 하느님께서 그에게 제안을 하셨습니다. "네 고향과 친족과 아버지의 집을 떠나, 내가 너에게 보여 줄 땅으로 가거라."(창세 12,1) 하느님께서는 아브라함에게 삶의 궁극적인 의미를 약속하시는 한편, 현재 그의 삶의 모든 것을 버리고 떠나라고 하셨습니다.

누구나 그런 제안을 받는다면 모든 것을 버리고 떠나서 얻을 수 있는 보상이 자기가 버려야 될, 감수해야 할 손해나 위험에 상응할 때에만 비로소 그 제안을 수락할 수 있을 것입니다. 만약 아브라함이 자기 삶의 의미를 찾고자 원했다면 하느님께서는 그에게 그것을 주실 것입니다. 그러나 아브라함 또한 자신이 하느님의 제안을 진지하게 받아들인다는 사실을 보여 드려야만 합니다. "오, 그렇군요! 하느님, 당신이 저를 위해 이렇게 해 주시는군요." 하고 말은 쉽게 하면서 아무런 행동도 하지 않는다면 그것은 하느님과의 계약도, 믿음도 아닙니다.

그리고 하느님께서 아브라함의 삶에 관계하시려고 한다면 아브라함도 하느님께 스스로를 맡기며 관계해야만 합니다. 아브라함도 하느님께 자신의 미래를 포함한 모든 것을 그분의 약속과 말씀에 내맡긴다는 것을 보여 드려야만 합니다. 하느님을 진정으로 믿는다면 삶의 모든 의미를 걸고 그분을 신뢰해야 합니다. 여기에는 손해를 보면 어떻게 메우고, 상황이 어려워지면 어떻게 대처할지 등의 남겨진 꼼수란 없습니다.

하느님과 함께하는 거래는 자신을 다 걸 수밖에 없습니다. 이처럼 신앙과 용기는 함께 가는 것입니다. 추상적으로, 말로만 믿는 것으로는 충분치 않습니다. 하느님께서 믿음을 요구하실 때는 우리가 믿는다는 증거도 함께 요구하시는 것입니다. 그리고 그 증거는 위험을 감수하는 것으로 드러납니다. 예를 들면 이러합니다.

"저 별을 따라가라."

"물 위를 걸어라."

"떠나라."

아브라함처럼 몇몇 사람들은 모든 것을 버리고 사막으로 떠나며 하느님을 신뢰합니다. 그러나 우리 대부분은 그런 용기가 없습니다. 그래서 공동체가 필요합니다. 우리는 하느님께서 우리에게 말씀하신다는 믿음을 확인해 주고 우리의 실천을 북돋워 줄 믿음의 형제자매가 필요한 것입니다. 이것은 마치 저 높은 다이빙대에서 뛰어내리는 것과 같습니다.

"네가 하면 나도 뛰어내릴게."
"네가 하면 나도 사막으로 나갈게."
"네가 하면 나도 모든 것을 팔아서 가난한 이에게 나누어 줄게."
"우리 함께 주님을 따라가자!"

신앙 공동체의 형성

8장
여기 보리빵을 가진 사람이 있습니까?

　우리가 주님을 따르려고 할 때 신앙 공동체의 도움과 협조가 필요합니다. 신앙 공동체는 본당이 될 수 있고, 가족이 될 수도 있습니다. 남편(아내)이나 친구일 수도 있고 기도 모임일 수도 있습니다. 언제나 둘이나 셋이 그분의 이름으로 모이면 그것이 바로 신앙 공동체입니다. 정말 그분의 이름으로 모였다면 말입니다.
　그분의 이름으로 모인다는 것이 곧 그분의 이름 아래 모인다는 말은 아닙니다. 그리스도인이라고 불리는 것을 포함해, 가톨릭의 무슨 단체나 본당의 여러 모임들도 모두 그분의 이름 아래 모입니다. 하지만 그 대부분의 경우에 정말 그분의 이름 때문에 모였는지 확인해 봐야 합니다. 어떤 목적을 가지고 모이는 것이 나쁘다는 말이 아닙니다. 예수 그리스도라는 이름이 진정한 초점이 되지 않고 있는 것이 문제입니다. 많은 이들이 다른 데 정신이 팔려 있습니다.

예를 들어, 예수 그리스도의 이름 아래 모여 그날 해야 할 전례나 밀린 일들을 확인하며 얼마나 많은 사람들이 참석할지 등에만 신경을 쏟고 있을 수 있습니다. 혹은 강론 준비나 바자회, 본당 살림, 레크리에이션 프로그램 짜기, 추수 감사절 행사 기획 등으로 여념이 없을 수도 있습니다. 어쩌면 본당 신부 홍보는 일로 바쁠 수도 있습니다.

앞서 1장에서 가톨릭 신자들이 미사에서 바라는 것이 무엇인지에 대해서 여러 가지 모습을 살펴봤습니다. 대체적으로 사람들은 어떤 규정이나 예절에 집착하는 편입니다. 강론을 들을 때도 자극이나 용기를 얻거나 신앙의 규범들을 잘 지킬 수 있도록 이끌어 주기를 바랍니다. 그리고 의무를 지키기 위해서 미사에 참석합니다. 성가를 성의 있게 부르는 사람이 적듯이 미사에 와서 한몫을 하겠다고 생각하는 이도 드뭅니다. 신자들에게 미사에 어떤 공헌을 했냐고 물으면 자기가 얼마나 많은 돈을 봉헌했는지 말합니다. 미사가 어떠했냐고 물으면 강론이 어떻고, 성가가 어떻고, 주례 신부가 마음에 들지 않았다는 등의 지적을 할 뿐입니다. 미사가 마치 구경거리 같습니다. 이렇게 수동적이면서도 계속해서 미사에 참석하는 이유는, 규정은 지켜야 하기 때문입니다.

반면 예수님께서 미사 때 어떤 말씀을 하셨는지, 즉 자신이 예수님을 어떻게 체험했는지 말하는 신자는 거의 없습니다. 그분의 이름으로 모인 자리에서 "빵을 떼실 때에 그분을 알아보게"(루카 24,35) 되었는지 말입니다. 예수님께서 직접 말씀하셨습니다. "두 사람이나 세 사람이라도 내 이름으로 모인 곳에는 나도 함께 있기 때문이다."(마태 18,20)

예수님은 초대 교회 신자들의 체험 속에 현존하셨습니다. 갈라티아 신자들에게 보낸 서간에서 바오로는, 자신의 신학적 입장을 증명할 기반으로, 성령을 통해 활동하시고 현존하시는 그리스도에 대한 체험을 강조했습니다. "여러분은 율법에 따른 행위로 성령을 받았습니까? 아니면, 복음을 듣고 믿어서 성령을 받았습니까? 여러분의 그 많은 체험이 헛일이라는 말입니까?"(갈라 3,2ㄴ.5ㄱ) 달리 말하면, 초대 교회 신자들이 모였을 때 그들에게 힘과 일치를 가져다준 것은, 그들이 교회 규정과 법칙에 얼마나 헌신적이었나를 확인해서가 아니라는 것입니다. 초대 교회에서 미사는 신자들이 교회법과 질서를 지키기 위해 의무적으로 행하는 것이 아니었습니다. 그들에게 미사는 함께 모인 사람들 안에서 그들 각자를 통해 활동하시고 현존하시는 하느님을 체험하는 것이었습니다. 즉 미사는 영적인 체험이자 그리스도의 현존을 체험하는 장이었습니다.

이러한 성령 체험은 사도행전과 바오로 서간들에서 다른 사도들을 통해서 자주 언급되었습니다. 존 호히(John Haughey) 신부의 「하느님의 음모」(The Conspiracy of God, 1973)라는 책 또한 성령 체험을 잘 설명해 줍니다. 여기서 그의 생각을 몇 가지 옮겨 적겠습니다. 그가 말하는 성령 체험은 단순히 성령만 체험하는 것이 아니라, 성령의 활동을 통해 아버지와 예수 그리스도를 알아 나가는 체험을 의미합니다. 즉 성령은 홀로 역사하지 않으신다는 것입니다. 성령의 활동 안에서 우리 인간은 비로소 예수 그리스도를 주님으로, 하느님을 아버지로 깨닫게 되는 것입니다. 성령 체험을 통한 예수 그리스도에 관한 깨달음은 단순히 역사적 사실이나 신학적 현실 또는 학문적 입장에서 이루어지지 않습니다. 우리의 마음과 공동체 안에 계시는 성령의 역사를 통해 우리는 오늘날 우리 가운데 현존하시는 예수님과 인격적 만남을 이룹니다. 하느님 아버지와 아들이 우리에게 성령을 보내 주셨고, 성령을 통해서 아버지와 아들은 우리 곁에 현존하십니다.

호히 신부는 그리스도인들에게 성령이 없다면 예수 그리스도는 단지 하나의 모델이나 목표, 기억, 이상일 뿐이라고 말합니다. 성령의 역사를 통해 예수 그리스도께서는 임마누엘, 곧 하느님께서 우리와 함께 계시는 분으로 오십니다. 성령을 파견하신 아버지와 예수님, 그리고 파견 받은 성령께서 한 분이시기 때문입니다.

결과적으로 성령을 체험한 사람들은 증거하는 자가 됩니다. 그들은 이제 예수님을 증거합니다. 그들은 주님을 알게 되어 사람들에게 '자기 눈으로 보고, 귀로 듣고, 몸으로 체험한 생명의 말씀을 선포합니다.'

호히 신부에 의하면, 성령의 역사하심의 결과는 성령 안에 머무르는 데서 끝나지 않습니다. 즉 우리는 성령의 역사하심으로 예수님과 아버지 하느님을 증거할 수 있게 되고, 살아 계신 주님에 대한 깊은 체험을 통해 그토록 엄청난 사랑을 받는 자기 자신을 사랑할 수 있게 됩니다.

하느님 사랑의 현실을 체험했다는 증거가 곧 자기 자신을 사랑하게 되는 것입니다. 하느님 아버지로부터 사랑을 받았고, 그 아들에 의해 구원을 받아 죄에서 해방된 사람들은 내적 평화, 확신과 기쁨을 드러내며 자기 자신을 있는 그대로 받아들이게 됩니다.

하느님의 사랑을 체험하고, 예수 그리스도가 누구시고 어떤 분인지를 깨달은 사람은 침묵으로 일관할 수 없습니다. 물론 말보다는 행동으로 증거해야 하지만, 사실 말과 행동 모두 증거해야 합니다. 호히 신부가 말했듯이 우리의 말과 행동은 어쩔 수 없이 우리의 마음이 어디에 있는지를 드러내기 때문입니다.

호히 신부의 결론은 이렇습니다. 대부분의 그리스도인들이 하느님의 사랑을 다른 이에게 고백하거나 가르치는 것에 전반적으로 무관심한 것은, 그들이 하느님께 불림을 받았다는 것, 그래서 그분의 이름으로 사랑의 일을 해야 한다는 것을 아직 깨닫지 못했기 때문이라는 것입니다.

그러면 이제 어디서부터 시작해야 할까요? 우선 회개와 기도로 시작해야 합니다. 우리는 체험을 통해 알고 있는 것만 증거할 수 있기 때문입니다. 그리고 우리 삶의 진정한 변화를 깨달아야 합니다. 눈으로 보고 알게 된 것을 깨닫기 위해서는 공동체 안에서 신앙을 나누는 경험이 필요합니다. 어떤 이들에게는 "와서 보아라." 하신 예수님의 초대에 응답하기 전에 공동체 내에서의 경험이 먼저 필요할지도 모릅니다. 그러면 이제 진정한 그리스도인 공동체란 무엇인지 살펴봅시다.

우리 안에 주님의 현존

공동체란 공동의 목적을 가진 그룹의 사람들을 말합니다. 그들은 공통된 경험으로 인해 서로에 대한 특별한 감정을 가집니다. 예를 들어 조난당한 배에서 생존한 사람이라든지, 올림픽 대표 팀 멤버라든지 말입니다. 그런 면에서 함께 살아온 가족이나 졸업생 모임인 동창회도 공통된 일치감을 가졌다고 할 수 있습니다. 또 한 나라의 국민도 나름의 동질성을 가집니다. 학교에서 국사를 가르치는 것도 국민이라는 한 공동체의 구성원으로서 공통된 경험을 공유하기 위함입니다. 공동체가 삶을 더 함께하기 위해서는 미래 또한 공유해야 합니다. 한 공동체의 구성원들은 공통의 목표를 향해 함께 노력하며 목적 달성에 매진합니다. 그 목적이 각 구성원에게 얼마나 의미 있는지에 따라 구성원들 사이에 서로가 서로에게 갖는 의미도 커집니다. 자신이 믿고 있는 목표와 명분을 위해서 나아가는 길에 같은 곳을 바라보는 사람들이 함께한다면 그만큼 힘이 되고 서로가 서로를 소중히 여기게 됩니다. 그러면서 점점 더 많은 공통점을 발견하게 되고, 공통된 관점과 경험, 각자의 삶을 바꾼 중요한 계기 등을 공유하게 됩니다. 결국 자기들이 같은 생각을 하고, 같은 사명감을 느끼며, 같은 목표를 향하고 있다는 것을 알게 됩니다. 그리고 서로를 믿고 신뢰할 수 있게 되면서 서로가 소중해지는 것입니다.

그리스도인 공동체는 이처럼 과거의 경험을 공유하며 공통된 미래를 가진 사람들의 그룹입니다. 그들은 신앙을 통해 주님을 알게 된 후 하느님을 더 깊이 체험하고 세상에 그분을 알리기 위해 함께 노력합니다. 그들은 증거자이자 제자들입니다. 저는 그리스도인 공동체의 이러한 개념을 좋아합니다. 즉 함께 모여 주님을 기억하고, 모일 때마다 그분을 세상에 현존케 만드는 공동체 말입니다.

그리스도인 공동체가 주님을 현존하게 하는 데는 두 가지 방법이 있습니다. 하나는 주님을 찾는 대화와 기도, 전례와 찬양 속에서입니다. 다른 하나는 세상에서 살며 일하면서 주님을 드러내는 방법입니다. 하지만 그러기 위해서, 즉 우리가 신앙과 희망과 사랑을 지키며 살기 위해서는 사랑을 통해 활동하시는 그리스도의 영의 힘이 꼭 필요합니다.

먼저 전례입니다. (다른 하나는 다음 장에서 다루겠습니다.) 주님의 현존을 드러내는 그리스도인 공동체의 가장 기본적인 원형은 미사입니다. 미사는 예수님께서 빵을 들어 하느님 아버지께 감사를 드리고 쪼개어 제자들에게 주시며 "이는 너희를 위하여 내어 주는 내 몸이다. 너희는 나를 기억하여 이를 행하여라."(루카 22,19) 하고 말씀하신 최후의 만찬에서 그 기원을 찾습니다. 미사는 주님을 기억하는 방법입니다. 주님께서는 세 가지 방법으로 우리 기억 속에 현존하십니다. 말씀을 통해서, 신비체 안에서 활동하시는 성령을 통해서, 성체성사를 통해서입니다.

말씀 안에서 예수님의 현존

미사는 처음부터 끝까지 성경에 근거합니다. 또한 미사의 첫 번째 부분인 말씀 전례는 근본적으로 성경에 의한 독서를 중심으로 하는 기도의 전례입니다.

미사 때 성경을 읽는 것은 집에서 성경을 읽는 것과 같지 않습니다. 미사에서 성경은 말씀으로 선포됩니다. 이것은 공통적으로 받아들여지는 진리를 공공연하게 사람들 앞에서 크게 선포하는 것입니다. 이렇게 선포된 말씀을 통해 예수 그리스도는 사람들에게 현존하십니다. (집에서는 개인적으로 성경 말씀을 묵상하고 기도하며 예수님은 각자의 마음속에서 이야기하십니다.)

미사 때 신자들이 귀를 기울이는 것이야말로 주님의 현존을 증거합니다. 이것이 사람들에게 말씀을 통해 예수님의 현존을 드러내는 신앙의 공적이고 가시적인 표현입니다. 그리고 성경에 대한 설명이 행해집니다. 강론에서 공동체의 이름으로 성경을 해석하는 것입니다. 그리스도의 말씀이 오늘날 현재의 맥락에서 이해됩니다. 지금 우리가 사는 현실 속에서, 오늘 일어나는 사건에 비추어 말씀을 보게 됩니다. 시간을 초월한 하느님의 말씀이 구체적인 시간 안으로 들어오십니다. 말씀을 통해 예수님은 현존하십니다.

이처럼 성경과 강론을 통해서 우리는 그리스도의 현존을 느낍니다. 그리스도는 성령을 통해서 세상에서 살아가는 그리스도의 신비체의 구성원에게 말씀하십니다.

성령 안에서 예수님의 현존

여기서 그리스도의 신비체란 교회를 뜻하며, 세례를 통해서 새로 태어나 지상에서 그리스도의 몸의 구성원으로 살아가는 교회를 말합니다. 교회 안에서, 교회를 통해 성령의 이끄심과 가르침에 충실한 모든 이에게 예수님께서는 오늘도 말씀하시고 행동하십니다. 이것이 바로 미사에서 예수님이 현존하시는 두 번째 방법입니다. 즉 지상에서 예수님의 몸의 구성원에게 말씀하시는 성령을 통해서입니다.

성령의 역사는 사제들에게만 국한되지 않습니다. 성령은 그리스도의 모든 구성원에게 역사하시고 교회의 모든 이에게 역사하십니다. 각 개인이 성령의 선물을 받은 것은 공동체를 위해 사용되기 위함입니다. 아무도 미사에 빈손으로 올 수 없습니다. 누구나 하느님의 백성으로서 미사에서 하느님의 체험을 함께 나누는 데 무엇이든 공헌해야 합니다.

바오로 사도는 에페소 신자들에게 보낸 서간에서 예수님께서 '만물을 충만케 하시려고'(에페 4,8-11 참조) 하늘로 올라가셨다고 기술하고 있습니다. 오늘날 그리스도의 몸인 교회 안에서 역사하시는 성령의 실제적 표징에 대해 말하고 있는 것입니다. 바오로 사도는 성령께서 사람들에게 여러 가지 선물을 주신다고 했습니다. "그리하여 어떤 이에게는 성령을 통하여 지혜의 말씀이, 어떤 이에게는 같은 성령에 따라 지식의 말씀이 주어집니다. 어떤 이에게는 같은 성령 안에서 믿음이, 어떤 이에게는 그 한 성령 안에서 병을 고치는 은사가 주어집니다."(1코린 12,8-9)

여전히 많은 가톨릭 신자들이 '사제'라고 하면 미사의 대부분을 혼자 도맡아 하는 이미지를 떠올립니다. 홀로 성경을 읽고, 강론하고, 기도문과 성가를 바칩니다. 제2차 바티칸 공의회 이후에야 비로소 미사를 혼자가 아니라 함께하는 공동 작업으로 보게 되었습니다. 지금은 독서나 해설, 성체 분배 등의 전례에 신자들도 참여합니다. 이처럼 미사는 모든 신자가 함께하는 공동체의 활동이 되어야 합니다. 초대 교회가 그러했습니다. 사도 바오로는 신자들에게 미사 때 자기표현을 자제해 달라고 당부했습니다. "누가 신령한 언어로 말할 때에는 한 번에 둘이나 많아야 셋이서 차례로 하고, 또 한 사람이 해석을 해야 합니다. 예언자들은 둘이나 셋이 말하고 다른 이들은 그것을 식별하십시오. 그러나 그곳에 앉은 다른 이에게 계시가 내리면 먼저 말하던 사람은 잠자코 있어야 합니다. 하느님은 무질서의 하느님이 아니라 평화의 하느님이시기 때문입니다."(1코린 14,27.29-30.33ㄱ)

만약 사도 바오로가 지금의 우리 모습을 보았다고 합시다! 1장에서 소년은 교회가 납골당처럼 보인다고 했습니다. 사도 바오로가 미사 때 평화를 바라긴 했지만 무덤과 같은 평화는 아니었을 것입니다. 오늘날 제대 앞 신자석의 열 줄만이라도 입을 열어 노래를 부른다면 훨씬 살아 있는 교회가 될 것입니다.

사도 바오로 시대에는 성령의 활동이 한 사람 한 사람에게 뚜렷하게 드러나, 신자들이 자신의 신앙 체험을 활발하게 나누었습니다. 어떤 이에게는 지혜의 선물이 주어졌고, 어떤 이에게는 지식의 선물이 주어졌습니다. 깊은 신앙과 치유의 선물이 주어진 이도 있었습니다. 사도, 예언자, 교리 교사, 목자, 선교사 등등. "그분께서 어떤 이들은 사도로, 어떤 이들은 예언자로, 어떤 이들은 복음 선포자로, 어떤 이들은 목자나 교사로 세워 주셨습니다. 성도들이 직무를 수행하고 그리스도의 몸을 성장시키는 일을 하도록, 그들을 준비시키려는 것이었습니다."(에페 4,11-12)

또 가장 중요한 핵심은 초기 그리스도인들은 자신들이 그리스도의 몸의 한 부분이며 은총을 통해서 새로운 삶의 선물로 태어났다는 점을 잘 알고 있었다는 것입니다. 즉 초대 교회 신자들은 아버지와 아들로부터 성령을 받아 영적 선물이 풍요로운 가운데 그리스도의 몸인 교회를 건설하도록 파견되었음을 알고 있었습니다.

하느님께서는 교회 구성원들의 지혜와 신앙을 완성하도록 선물을 주십니다. 그러므로 교회에 관한 책임은 사제나 수도자뿐 아니라 모든 그리스도인, 믿는 이들의 공동체를 구성하는 모든 이들의 특권이자, 의무입니다.

오늘날 우리는 수도 성소와 사제 성소의 부족에 대해서 걱정합니다. 그리고 현실적으로 성소자의 부족은 심각합니다. 그런데 이것이 어쩌면 하느님께서 교회의 참된 의미가 무엇인지, 교회 안에는 우리 각자의 역할이 있다는 것을 가르치시려는 섭리일지도 모릅니다. 교회는 그 자체 안에 신앙인들의 성장과 삶에 필요한 모든 성령의 선물을 갖고 있습니다. 문제는 교회 안 어디를 찾아봐야 하는가를 아는 것입니다. 그리고 이러한 선물들은 사제나 수도자에게만 국한되지 않습니다.

사제직은 하나의 특별한 성소이고 선물입니다. 수도자로의 부르심 또한 선물입니다. 그러나 이 두 성소는 많은 선물 중, 교회 안에 존재하고 필요로 하는 많은 역할 중 단지 두 가지에 불과합니다. 우리는 교회에 신부와 수사와 수녀들이 얼마나 있는지 헤아리기보다 교회 속에 존재하는 성령의 선물을 어떻게 발견해서 사용할지를 고민해야 합니다.

이것이 바로 우리가 미사 안에서 체험할 수 있는, 그리고 미사 밖 전체 교회의 삶 안에서 볼 수 있는 그리스도의 현존의 두 번째 모습입니다. 즉 성령의 능력과 현존을 통해 그리스도의 몸인 교회 안에서 말씀하시고, 이끄시고, 살아 계시는 그리스도의 현존입니다.

성체 성사 안에서 예수님의 현존

미사에서 드러나는 그리스도의 세 번째 현존은 바로 성체성사 안에서입니다. 즉 세상에 그분의 몸과 피로 나타나는 실제적인 성체성사 안에서의 현존입니다. 이 현존 없이 앞서 말한 다른 두 가지 형태의 현존은, 즉 말씀을 통한 현존과 성령의 역사를 통해 그리스도의 몸의 구성원들에게 드러나는 현존은 완전하지 못합니다.

성체성사를 통해 예수님께서 단순한 상징이 아니라, 모든 시대의 사람들에게 실제로 당신 스스로를 드러내신 역사적인 삶이었음이 드러납니다. 즉 베들레헴에서 평화롭게 태어난 아기 시절부터 가르침과 치유, 수난과 죽음까지 말입니다. 지상에서 그분의 말과 행동을 통한 모든 표현이 성체성사 안에 있으며, 바로 우리를 향한 것입니다.

성경은 그리스도의 삶의 기록이며 초대 교회 사람들의 신앙과 증거를 통해 우리에게 전달되었습니다. 이 기록은 하느님께서 살아 있는 목소리로 오늘 우리에게 말씀하시는 것이기도 합니다. 여기서 더 나아가, 성체성사는 그리스도의 실제적 삶이 오늘의 우리에게도 현존하게 만듭니다. 예수 그리스도께서 친히 영원한 증거자이시며, 그 증거를 통해 하느님 아버지를 우리 가슴과 마음속에 친밀하게 이끌어 주십니다. 이처럼 성체성사는 두 가지 형태로 예수 그리스도의 참된 현존과 그분의 삶 전체의 의미를 상징적으로 표현합니다. 즉 밀이 땅에 떨어져 죽어야 세상의 음식과 생명이 되는 것입니다. 포도는 짓눌려 자신의 피(즙)를 내어야 와인이 되며, 혼인 잔치에 쓰일 축복의 와인이 됩니다.

우리는 성경을 통해서 예수님께서 말씀하시는 것을 압니다. 그리고 성체성사를 통해서 그분이 지금 우리에게 말씀하고 계심을 압니다. 성체성사는 예수 그리스도의 몸과 피의 능력을 간직하고 있습니다.

성경만으로 충분하지 않듯이, 그리스도의 신비체 안에서 드러나는 그리스도의 현존만으로 완벽하지는 않습니다. 물론 예수님께서는 부활하신 당신의 몸, 곧 지상 교회를 통해서 지금도 계속해서 말씀하시고 활동하십니다. 성령께서 교회의 구성원을 통해 활동하십니다. 즉 예수님께서는 우리를 통해 가르치시고, 권고하시고, 죄의 용서를 선포하시고, 기도하시고, 치유하시고, 가난한 이를 도우시며, 외로운 이를 방문하시고, 감옥에 갇힌 이와 아픈 이를 방문하시고, 정치·사회적 구조를 개혁하시고, 세상과 사회에 복음 정신을 심으시며 경제와 혼인 생활에 복음의 빛을 비추십니다. 다만, 이 모든 활동은 우리 같은 죄 많은 구성원들을 통해 드러나기에 어느 정도 제한될 수도 있습니다.

예수님께서는 고해성사를 통해서 죄를 참으로 용서하시지만, 그 용서의 사랑이 인간에게 미치는 영향은 사목자의 인간성으로 인해 제한될 수도 있는 것입니다. 예수님께서는 당신의 사랑을 그리스도의 모든 지체, 교회 구성원을 통해서 표현하십니다. 우리를 향한 하느님의 사랑을 아무도 제대로 표현할 수 없습니다. 다만 예수님께서 당신의 인간 본성을 통해, 십자가에서 내어 주신 당신의 몸을 통해, 열린 가슴에서 뿌려진 피를 통해 표현하셨을 뿐입니다.

지금까지 살펴본 세 가지 현존은 모두 필요합니다. 성경에서 예수님은 우리에게 말씀하십니다. 그분은 말씀을 통해 우리에게 현존하시고, 부활하신 예수님께서는 당신 신비체인 교회 안에서 오늘도 우리를 가르치고 증거하십니다. 그러나 죄 많은 인간의 본성을 통해서 활동하시기에 어느 정도의 제한과 왜곡은 있을 수 있습니다. 성체성사에서 예수님은 순수하고 단순하게 빵과 포도주의 형태로 현존하십니다. 이 세 가지 현존 양식이 미사와 함께 각기 다르지만 완전하게 예수님의 현존을 드러냅니다.

예절의 힘

그리스도인 공동체의 완전한 실체는 단순한 믿음과 목표의 문제가 아닙니다. 우리는 한 몸이며 성령 안에서 하나입니다. 마치 밀알 하나하나가 낱알로 존재하는 것을 멈추고 빵으로 완전히 새로운 존재가 되듯이, 우리도 하나가 될 때 새로운 존재로 탄생합니다. 우리의 일치는 무엇을 함께 하느냐의 활동 차원에서의 일치가 아니라 존재 차원에서의 일치를 말합니다.

그러므로 그리스도 공동체의 진정한 모습은 말씀 전례를 지나 성찬 전례로 가야만 완전해질 수 있는 것입니다. 성찬 전례 속에서 우리는 하느님께 기도드리고 듣는 기도 모임을 초월해 훨씬 더 깊은 일치로 몰입해 갑니다. 이때 우리는 어쩌면 현대 문명에서 오랫동안 잊어버린 참된 의미의 예절에 참여하게 되는 것입니다. 그 예절은 통과 의례이자 한 사람이 새로운 존재로 태어나기 위해서 거쳐야 하는 상징적인 행위입니다. 상징적인 행위라는 것은 말보다도 훨씬 힘이 있다는 뜻입니다. 즉 우리의 존재 자체를 깊숙이 여는 행위입니다. 상징이라고밖에 말할 수 없는 것은 신비에 대해 이야기하고 있기 때문입니다. 즉 사람의 행동을 넘어서는, 사람의 힘으로 이해할 수 없는 신비입니다.

예절은 초월적 존재에게 인간이 자기 자신을 바치는 것이기에 가볍게 다루거나 경박하게 행동해서는 안 됩니다. 그래서 초대 교회에서도 세례를 받지 않은 그리스도인이나 예비자들에게 성찬 전례가 시작되기 전에 회중을 떠나라고 요구했습니다.

예절에는 엄청난 힘이 있습니다. 예를 들어 사탄을 섬기는 예절은 단순히 말로 악마에게 복종하는 것 이상으로 인간의 자유를 송두리째 빼앗는 극도로 위험하고 해로운 것입니다. 그래서 사탄 예절에 대해서 말하는 사람은 신성 모독을 범하게 되지만, 사탄 예절을 실제로 행하는 사람은 제대로 알지도 못하는 어두운 세력에게 자기 자신을 넘겨 버리는 것입니다.

모든 악은 선의 왜곡입니다. 죄악의 예절이 바로 거룩한 예절의 왜곡인 것입니다. 미사야말로 거룩한 예절입니다. 미사에서 교회의 모든 구성원들이 빵과 포도주를 하느님께 봉헌할 때 상징적으로 자기 자신을 바치는 것입니다. 성찬 전례의 기도 속에서 다음 세 가지 일이 일어납니다. (사실 여럿이지만 하나의 같은 현실을 드러내는 것입니다.)

① 성찬 전례에서 빵과 포도주가 하느님께 바쳐지고 예수 그리스도의 몸으로 거룩하게 변모될 때 교회의 구성원들도 스스로를 하느님께 바쳐 거룩하게 변모하는 것입니다. 성찬례 예절에서 한 사람 한 사람이 십자가에서 그리스도와 함께 죽고, 새롭게 변화된 삶으로 다시 태어나는 구체적인 행위에 참여합니다. 모든 이가 그리스도와 함께, 십자가에 달린 그리스도 안에서 스스로를 바치

고, 그리스도의 희생을 바로 자신의 희생으로 만듭니다.

② 골고타의 십자가에서 일어난 예수님의 희생은 성사적으로 모든 이들에게 현존합니다. 그러나 그 희생이 반복될 수 있는 것은 아닙니다. 예수님께서는 단 한 번 모든 이를 위해서 죽으셨습니다. 그 희생은 결코 반복될 수 없습니다. 하나이고 유일하고 한 번뿐인 골고타의 희생이 바로 오늘 우리에게 현존하는 것입니다.

③ 빵과 포도주가 그리스도의 몸과 피로 바뀝니다.

그리고 영성체를 합니다. "그리스도의 몸"이 선포되고 모든 신자는 신앙 안에서 "아멘."이라고 응답합니다. 스스로를 내어 드리며 "아멘." 하고 응답하고, 예수님의 몸과 피를 우리의 양식으로 받아들입니다. "아멘! 저도 또한 그리스도의 몸입니다. 아멘! 제가 하는 모든 일 속에서 그리스도의 몸으로 살 것입니다."

이제 미사가 초대 교회 그리스도인들에게 왜 그렇게 중요했는지, 얼마나 힘이 되었는지 잘 알게 되었습니다. 그들은 모두 박해를 받았습니다. 새벽 동이 트기도 전에 남몰래, 그들은 성경 말씀처럼 자신들을 덮고 있는 어둠 속에 모였습니다. 그들은 이교도들의 세상 속에서(지금 우리가 살고 있는 세상처럼) 그리스도의 빛으로부터 힘과 용기를 얻어 어둠에 맞서기 위해서, 그리고 그리스도의 빛 안에서 살기 위해서 어둠을 뚫고 한자리에 모인 것입니다.

그들은 성경을 읽을 때마다 그리스도의 빛나는 빛을 체험했습니다. 그들은 동료들의 얼굴에서 그 빛이 반사되어 빛나는 것을 보았고, 다른 형제들 안에서 그리스도의 현존을 발견했습니다. 그리고 빵과 포도주의 축성 때마다 길이요 진리요 생명이신 예수님께서 사람들의 마음을 밝히는 세상의 빛으로 살아 계셨습니다. 어둠은 결코 그 빛을 이길 수 없습니다. 그들은 성체성사 안에서 빵을 쪼갤 때마다 엠마오의 제자들처럼 예수님께서 결코 그들을 홀로 버려두지 않는다는 것을 새롭게 깨달았습니다.

> "그들과 함께 식탁에 앉으셨을 때, 예수님께서는 빵을 들고 찬미를 드리신 다음 그것을 떼어 그들에게 나누어 주셨다. 그러자 그들의 눈이 열려 예수님을 알아보았다."(루카 24,30-31)

하느님을 섬기는 그리스도인 공동체의 본질은 이처럼 '그리스도를 찾는' 신앙인의 모임이라는 점입니다. 그리스도를 기억하며 함께 모일 때마다 그분은 그들 안에 현존하십니다. 그리고 그리스도인은 자기 삶의 모든 희망이 걸려 있는 근본적인 믿음 안에서 힘을 얻는 것입니다. 그것은 바로 '그리스도께서 죽으셨고, 부활하셨고, 다시 오시리라.'는 것입니다.

비밀 : 가진 것을 나눔

예수님의 말씀을 듣기 위해 사막까지 따라온 군중은 시간이 가는 줄도 몰랐습니다. 해가 지고 나서야 그들은 머물 곳도, 먹을 것도 없이 밤이 다가온 것을 깨달았습니다. 제자들이 예수님께 다가가 이것을 이야기합니다. "군중을 돌려보내시어, 주변 마을이나 촌락으로 가서 잠자리와 음식을 구하게 하십시오. 우리가 있는 곳은 황량한 곳입니다." 예수님께서 "너희가 그들에게 먹을 것을 주어라." 하십니다(루카 9,12-13 참조).

제자들이 말합니다. "저희는 아무것도 없습니다. 저마다 조금씩이라도 먹게 하자면 한 해 봉급으로도 충분치 못할 것입니다." 예수님은 군중을 돌아보시며 누가 먹을 것을 갖고 있는지 찾아보라고 하십니다. 제자들이 살펴보고 한 소년이 가진 빵 다섯 개(그것도 보리빵)와 말린 생선 몇 마리가 있다고 예수님께 보고합니다. 겨우 발견한 그것이 전부였습니다.

예수님은 제자들에게 사람들을 앉히라고 이르셨습니다. "예수님께서는 빵을 손에 들고 감사를 드리신 다음, 자리를 잡은 이들에게 나누어 주셨다. 물고기도 그렇게 하시어 사람들이 원하는 대로 주셨다."(요한 6,11) 예수님은 제자들에게 남은 것을 모으라고 하셨는데, 제자들이 다 모았더니 열두 광주리였습니다.

우리는 이 말씀에서의 교훈을 잊지 말아야 합니다. 곧 그리스도의 공동체 안에 우리에게 필요한 충분한 자원이 있다는 것입니다. 그리고 그것은 하느님의 말씀, 그리스도의 현존, 성령의 선물입니다. 그 자원은 공동체에 두루 나뉘어 있으며, 성령의 선물과 우리가 받은 선천적 재능으로 드러납니다.

그러므로 우리는 먹을 것을 찾아 '이 농장 저 마을'로 돌아다닐 필요가 없습니다. 우리의 영혼을 채울 빵을 찾아 교회 안의 유행을 쫓거나 여기저기 신심 운동 등에 기웃거릴 필요가 없습니다. 이미 우리 안에 있습니다. 예수님께서 여기 계십니다. 그분의 말씀이 있습니다. 우리가 여기 있습니다. 우리가 할 일은 우리의 재능을 나누고 다른 이들도 기꺼이 나누도록 격려해 주는 것뿐입니다.

우리의 재능이 스스로에게는 별 볼 일 없고 하찮게 보일지도 모릅니다. 복음에 나오는 소년도 마찬가지였습니다. 그가 가진 빵 다섯 개와 말린 생선 몇 마리는 5천 명이라는 사람들이 필요로 하는 양에는 턱없이 모자랐습니다. 그러나 그 소년은 어떤 질문도 하지 않고 가진 것을 내놓았고, 주님께서는 그것을 받아 충분한 양으로 늘리셨습니다.

공동체, 더 나아가 세상을 위한 봉사에 있어서도 이와 같습니다. 우리가 가진 작은 재능(생각, 기도, 이해, 웃음, 보리빵 한 조각, 생선 한 토막 등)이라도 기꺼이 내놓는다면 5천 명의 사람들에게 빵 다섯 개와 말린 생선 몇 마리로 충분했듯이, 세상의 문제를 해결하는 데 충분할 것입니다. 예수님께서는 우리가 기꺼이 내놓은 것을 받으시고, 감사와 축복을 올리신 다음, 몇 배로 넘쳐 나게 만드십니다. 결국 모두 나누고도 남아서 빵들이 광주리에 가득할 것입니다.

기도 안에서
　　세상을 향해…

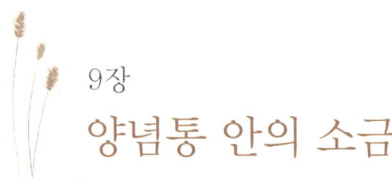

9장
양념통 안의 소금

하느님을 섬기면서 얻는 진리는 우리 삶 안에서 실천되어야만 합니다. 그렇지 않으면 우리의 하느님 찬미는 결국 자신을 속이는 데 그치고 맙니다. 주님의 현존을 체험한다고 매번 말하면서 그것을 직장이나 가정, 사회생활 가운데서 찾지 않는다면 무슨 소용이 있겠습니까? 주님을 기억한다면서 성당만 벗어나면 곧 그 기억을 잊는다면 무슨 소용이 있겠습니까? 야고보 사도는 서간에서 이렇게 표현합니다. "사실 누가 말씀을 듣기만 하고 실행하지 않으면, 그는 거울에 자기 얼굴 모습을 비추어 보는 사람과 같습니다. 자신을 비추어 보고서 물러가면, 어떻게 생겼는지 곧 잊어버립니다." (야고 1,23-24)

그리스도인 공동체는 사회, 곧 가정이나 직장, 사회·정치적 삶 속에서 각종 문제와 새로운 가능성들을 직면하면 바로 주님을 떠올리며 기억하는 사람들의 공동체입니다. 그리스도인 공동체는 신앙 안에서 서로서로 돕는 것뿐 아니라, 창조적으로 사회의 제반 문제와 가능성에 응답합니다. 함께 빛을 나누어 세상을 밝힙니다. 즉 그리스도인들은 자신이 살아가는 현실과 세상을 복음의 빛으로 비추기 위해서 협력합니다.

사명 : 사회 변혁

아마 우리에게 가장 어렵고 힘든 과제는 지금 살고 있는 사회를 그리스도화하는 일일 것입니다. 이것은 그리스도교만의 사회나 모든 이가 그리스도인이 되는 것을 의미하지 않습니다. (중세 유럽에 이런 경우가 있었는데, 지금 다시 그리스도교도만의 사회가 이루어진다면 어떻게 될지 매우 의심스럽습니다. 그때 그리스도교 국가들이 저지른 죄가 여기서 다루기에도 너무 광범위하고 심각하기 때문입니다.) 그러면 시민 전체가 그리스도인으로 이루어진 그리스도교 사회와 사회를 그리스도화하는 것의 차이가 무엇일까요?

사회는 구성원 대다수가 그리스도교 신앙을 받아들이지 않아도 그리스도교적으로 개혁될 수 있습니다. 그리스도교적이라 불리는 모든 것이 복음을 통해서만 합리화되고 정당화되는 것은 아닙니다. 물론 복음 때문에 이런저런 진리에 관심을 가질 수는 있지만,

한 번 그것을 진리로 받아들인 다음부터는 복음과는 상관없이 여러 상황이나 증거, 사실만으로도 무엇이 옳고 그른지 말할 수 있게 됩니다. 세계의 많은 국가들이 미국의 영향을 받았지만(또는 미국식으로 타락했다고 말할 수도 있지만) 그렇다고 그 모든 국가에서 미국이 믿는 원칙을 전부 수용하는 것은 아니라는 말입니다. 예를 들어 미국식 비즈니스 거래나 산업 노하우, 헤어스타일, 청바지, 로큰롤, 미니스커트, 보통 선거, 여성 해방 등이 미국을 넘어 수많은 사람들의 사고와 행동에 깊은 영향을 미쳤지만, 미국 문화로부터 좋고 나쁜 많은 가치들을 받아들인 그 사람들이 자기들의 이전 삶에서 미국적인 삶으로 완전히 전환(개종)했다고는 말할 수 없는 것입니다.

사회의 그리스도교적 개혁이라는 것은 한 사회의 구성원들에게 그리스도인들이 믿고 있는 가치가 건전하고 생산적이며 훌륭하다는 것을 설득시키고, 사회 구조 안에서 그리스도교적 가치가 실천될 기회가 주어질 때 그 우수성이 드러나도록 정직하게 제시하는 것입니다. 오늘날 우리가 알고 있는 민주주의가 이런 그리스도교적 개혁이었습니다. 비록 실질적인 면에서는 계몽주의나 합리주의에 근거했다고 하더라도 미국의 민주주의가 그리스도교의 전통과 원칙 및 철학에 근거했다는 것은 누구도 부인할 수 없는 사실입니다.

이 밖에도 생각해 볼 예들은 많습니다. 오늘날 여성의 사회적

지위 향상은 그리스도교적 원칙에 의해서 시작되지 않았을까요? 인종 차별의 철폐는 궁극적으로 그리스도교의 힘이 아니었을까요? 선진국에 개발 도상국을 도울 의무를 경각시킨 것은 그리스도교의 가치가 아닐까요? 가난하고 병든 이들, 특히 고아들을 보살필 책임을 일깨우는 데 그리스도교는 어떻게 기여했을까요? 전쟁 도중 준수할 행동을 정하는 데 있어서 그리스도교의 개입이 있지 않았을까요? 감옥에 갇힌 수감자들의 처우 개선에 그리스도교는 어떤 영향을 끼쳤을까요?

이처럼 사회 발전과 그리스도교는 밀접하게 연결되어 있지만, 그것이 곧 그리스도교적이기 때문은 아니라는 것입니다. 누룩은 밀가루 안에서 작용해 반죽이 부풀어 오르게 하지, 밀가루를 누룩으로 바꾸는 것이 아닙니다. 사람들이 살아가는 사회 역시 그리스도인의 활동과 영향으로 더 행복해지고 더 건전해진다면 그것으로 그리스도인의 목적은 이루어진 것입니다.

건전하고 건강한 사회일수록 복음이 선포되었을 때 더 잘 받아들일 수 있습니다. 그러나 복음의 선포 여부와 사회의 수용 여부에 관계없이, 사회의 그리스도교적 개혁은 그 자체로 하느님의 뜻을 실천하는 것입니다. 세상 자체가 창조주요 구세주이신 예수 그리스도의 것이며, 청지기인 우리는 주님께서 다시 오실 때까지 최선을 다해 이 세상을 돌보아야 하는 것입니다. 하지만 지금까지 우리가 그리 만족스럽게 그렇게 했다고는 말할 수 없습니다.

그리스도인이 비그리스도인만큼 성공적으로 사회를 변화시켜 온 것 같지는 않습니다. 잠시 사회 정의나 정치와 같은 복잡한 문제를 떠나 미국에서 있었던 두 건의 개혁에 대해서 살펴봅시다. 첫째, 공공장소에서의 음란물 게재와 낙태의 합법화입니다. 누가 이런 변화를 가능케 했습니까? 도대체 그리스도교 국가라고 하는 미국에서 수많은 그리스도인은 이런 일이 일어나는 동안 무엇을 했습니까? 가정생활은 물론 학교나 교도소, 양로 시설, 국립 정신 병원 등이 위기에 처해 있고, 경제·정치적으로는 윤리 의식의 상실과 부재가 심각합니다. 가난은 현대 사회에서 전례가 없을 만큼 인간성을 파괴하고 있고, 마약의 범람과 성적 타락은 나날이 심해지고 있습니다. 아이들은 어른에 대한 공경심이 없고 부모는 자녀에게 무관심합니다. 범죄율은 연일 사상 최고치를 경신합니다. 오늘날 행복한 가정이란 가족이 살해나 강간을 당하지 않고 혼전 임신 등을 겪지 않은 채 오래 살아남는 것입니다. 마약이나 알코올 중독자 신세가 되지 않고, 탈세나 정치적 불법 돈거래로 구속되지 않고 무사히 살아남는 것이 오늘날 미국인에게 행복이 되었다는 것입니다.

바오로 사도가 로마인에게 보낸 서간을 보면 첫 장부터 나오는 당시 로마의 우상 숭배와 타락의 심각성에 놀라움을 금치 못합니다. 그런데 이는 마치 지금의 미국에 대한 이야기처럼 느껴집니다. "그리하여 하느님께서는 그들이 마음의 욕망으로 더럽혀지도록 내

버려 두시어, 그들이 스스로 자기들의 몸을 수치스럽게 만들도록 하셨습니다. 그들의 여자들은 자연스러운 육체관계를 자연을 거스르는 관계로 바꾸어 버렸습니다. 남자들도 마찬가지로 여자와 맺는 자연스러운 육체관계를 그만두고 저희끼리 색욕을 불태웠습니다. 그들은 온갖 불의와 사악과 탐욕과 악의로 가득 차 있고, 시기와 살인과 분쟁과 사기와 악덕으로 그득합니다. 그들은 험담꾼이고 중상꾼이며, 하느님을 미워하는 자고, 불손하고 오만하며, 허풍쟁이고 모략꾼이고, 부모에게 순종하지 않는 자며, 우둔하고 신의가 없으며 비정하고 무자비한 자입니다. 이와 같은 짓을 저지르는 자들은 죽어 마땅하다는 하느님의 법규를 알면서도, 그들은 그런 짓을 할 뿐만 아니라 그 같은 짓을 저지르는 자들을 두둔하기까지 합니다." (로마 1,24-32 참조)

물론 이런 이야기가 우리와 우리 주변과는 아무런 상관이 없을지도 모릅니다. 하지만 이는 미국의 상·하층 모든 사회 계층에 만연한 부패를 적나라하게 드러냅니다. 워터게이트 사건 하나만 봐도 증명이 됩니다.

누룩은 어디에 있습니까?

지금까지 말해 온 미국 사회가 하나의 밀가루 반죽이라면 거기에서 누룩은 무엇을 하고 있었을까요? 예수님께서 당신 제자들을 세상의 빛이라고 하셨는데 그들은 어디서 빛을 비추고 있었을까요? 또 우리가 세상의 소금이라면 사회에서 소금의 역할을 다했습니까? 아니면 소금이 짠맛을 잃어버렸나요?

> "너희는 세상의 소금이다. 그러나 소금이 제 맛을 잃으면 무엇으로 다시 짜게 할 수 있겠느냐? 아무 쓸모가 없으니 밖에 버려져 사람들에게 짓밟힐 따름이다. 너희는 세상의 빛이다. 산위에 자리 잡은 고을은 감추어질 수 없다. 등불은 켜서 함지 속이 아니라 등경 위에 놓는다. 그렇게 하여 집 안에 있는 모든 사람을 비춘다. 이와 같이 너희의 빛이 사람들 앞을 비추어, 그들이 너희의 착한 행실을 보고 하늘에 계신 너희 아버지를 찬양하게 하여라."
> (마태 5,13-16)

그렇다면 어째서 그리스도교는 사회를 변화시키는 역할을 다하지 못하고 있는지 두 가지 측면에서 살펴보겠습니다. 우선 여기서 한 가지를 다루고 두 번째는 다음 장에서 다루겠습니다. 그러나 둘 다 분명한 것은 평신도 영성의 부재에서 기인한다는 점입니다. 그렇다고 해서 모든 잘못이 평신도에게 있다는 뜻이 아니라, 우리 모두(성직자와 수도자와 평신도)가 평신도 영성의 참뜻을 무시했거나 깨닫지 못했다는 말입니다. 사제들은 이에 관해서 설교하지 않았고, 수도자들은 이에 관해서 가르치지 않았고, 평신도들은 이에 관해서 실천하지 않았습니다. 적어도 지금까지는 그렇습니다. 이제 새롭게 시작할 때입니다.

평신도 영성은 밀가루 반죽 안에서 누룩이 되는 것이지, 밀가루 반죽 밖에서 다른 무엇인가가 되는 것을 뜻하지 않습니다. 즉 가정이나 사회, 경제, 정치 등 우리가 살아가는 이 사회 안에서 평신도가 거룩하게 성장해야만 한다는 뜻입니다.

수도자가 수도원에서 성덕을 닦기 위해 노력해야 한다면 평신도는 시장 한복판에서 그래야 합니다. 물론 평신도는 수도원이나 성당, 피정의 집, 꾸르실료 센터 등에 가서 영적으로 재충전하고 신앙을 재정립하기도 합니다. 그러나 그들의 진정한 성장은 바로 현장, 즉 가정이나 사무실, 상점, 물건을 사고파는 곳, 제품을 만들어 내는 공장 일터에서 이루어진다는 뜻입니다. (이 같은 세상 안에서의 영성 생활에 대한 내용은 「제2차 바티칸 공의회 문헌」, 특히 교회 헌장 4-5장과 사목 헌장, 평신도 교령에 잘 나와 있습니다. 오늘날 진지하게 영적 생활을 하는 그리스도인이라면 꼭 읽어 보는 것이 좋습니다.)

그리스도교가 사회 속에서 그다지 영향력을 발휘하지 못하는 이유가 바로 그리스도인이 그 둘을 하나로 일치시키는 훈련을 받지 못했기 때문입니다. 이미 6장에서 우리는 개인 생활에서 종교와 현실 문제가 분리되는 것을 보았습니다. 여기서는 어떻게 그 분리가 그리스도교 공동체의 삶 안에서 시작되고 고착화되는지, 심지어 타당한 입장으로까지 받아들여졌는지 살펴보겠습니다.

1971년 〈뉴스위크〉에서 미국 가톨릭 신자들의 태도에 관한 통계 조사를 했습니다. 그 안에 주교회의에서 내린 결정 중에 자기 삶에 중요하다고 여겨지는 것이 있느냐는 질문이 있었는데 신자 열 명 중 아홉 명이 하나도 기억하지 못한다고 답했습니다. 이것은 지도자로서 주교들이 실패했다는 뜻일까요? 아니면 신자들에게 삶의 현실적인 문제에 대해 종교에서 대답을 찾을 생각이 아예 없다는 뜻일까요? 미국 주교회의의 간행물들을 읽는 이라면 주교들이 신자들의 삶과 연결된 부분들을 자주 언급한다는 사실을 잘 압니다. 그것을 누가 듣고 있는지는 또 다른 문제입니다.

어디가 문제인지는 모르겠지만 〈뉴스위크〉의 조사 결과에 따르면 놀랍게도 미국인들에게 종교란 단지 개인적이고 사적인, 내적 영역에 국한된 것이라고 합니다. 게다가 자기 스스로 나쁜 일만 하지 않으면 하느님과 이웃에 대한 책임은 다한 것이라는 분위기 속에서 자랐다고 합니다. 천주교 편집자이자 수필가인 필립 샤퍼(Philip Schaper, 52세)는 이렇게 말합니다. "이처럼 개인적인 신앙생활 속에서 커 온 우리는 사회적 양심과 책임을 다했는지 진지하게 성찰할 준비가 되어 있지 않습니다. 그렇지만 우리는 여전히 그리스도께서 정의와 평화와 화해를 원하신다는 사실에 비추어 우리의 행동을 판단하기를 배워야 합니다."

제가 아는 한 신부가 루이지애나 남부의 흑인 성당과 백인 성당을 통합하는 어려운 임무를 맡았었습니다. 다행히 통합은 평화롭게 이루어졌지만 나중에 그 신부가 제게 이런 말을 했습니다. "자네도 짐작하겠지만, 인종 사이의 사고방식과 분리, 통합의 문제는 본당 공동체 어디서나 한 군데도 빠짐없이 충돌했다네. 미사 스케줄은 말할 것도 없고, 심지어는 복사단이 소풍을 갈 때도 문제가 되었지. 한 가지도 흑인과 백인이 함께할 것인지 분란 없이 결정할 수 없었다네. 이런 인종 사이의 갈등이나 문제는 성당 어디에서나 일어났는데 이상하게도 딱 한 곳에서만 그런 일이 없었다네. 그게 어딘지 아나? 고해소라네. 아무도 고해성사 때만큼은 자신이 겪고 있는 인종 문제나 갈등에 대해서 결코 이야기하지 않았다는 말일세."

그 본당 신자들의 종교관에서는 인종 차별이 신자로서 지녀야 할 덕목도 죄도 아니었던 것입니다. 그들이 말하는 종교적 죄는 참을성이 없었다든지, 심한 욕을 했다든가, 문란한 성생활이나 도둑질 같은 것이었습니다. 인종 문제는 사회적인 문제였으므로 개인적으로 고해할 문제가 아니었겠지요!

그러나 제2차 바티칸 공의회는 그렇지 않다고 분명히 말합니다. 사회 구조의 개혁과 사회에 대한 윤리적인 책임을 버리고 종교는 오로지 개인적인 신심활동에 국한된다고 생각하는 가톨릭 신자들에 대해 공의회는 강한 어조로 선언합니다.

"한편으로 직업적 사회적 활동과 다른 한편으로 종교 생활을 서로 부당하게 대립시켜서는 안 된다. 자기의 현세 의무를 소홀히 하는 그리스도인은 이웃은 물론 바로 하느님에 대한 자기 의무를 소홀히 하고 또 자신의 영원한 구원을 위험에 빠트린다."(사목 헌장 43)

이는 그리스도교 공동체가 신앙과 기도로 이 사회가 어디로 향하고 있는지, 어디에서 실패하고 있는지, 어떻게 우리가 응답해야 하는지를 함께 고민해야 한다는 뜻입니다. 그러나 현시점에서 가톨릭 공동체가 이 같은 일을 하기에 충분한 준비가 되어 있다고는 말할 수 없습니다. 아직도 무엇을 어떻게 해야 할지 모르는 것 같습니다. 하지만 우리는 배울 수 있습니다.

어떻게 시작하나

우리가 배워야 할 사람 중에 존 울만(John Woolman)이 있습니다. 울만은 퀘이커 교도였습니다. 그는 미국 혁명(1720-1772) 직전에 살았던 사람으로, 미국에서 처음으로 노예 제도에 정면으로 대항한 첫 번째 그리스도인 중 한 명이었습니다. 그는 일기에 어떻게 그 일이 시작되었는지 적어 두었습니다. 다음은 재닛 휘트니가 편집한 「존 울만에 관한 저널」(The Journal of John Woolman, Janet

Whitney, 1950)에서 가져온 내용들입니다.

"내가 마운트 홀리Mount Holly에 와서 일을 시작한 지 1년도 채 안 되었을 때이다. 상관이 흑인 노예를 팔면서 나더러 매매 계약서를 쓰라고 했다. 그러나 나와 똑같은 피조물을 사고파는 계약서를 써야 한다는 생각에 몹시 괴로웠다." 울만은 마음속으로는 괴로웠지만 매매 계약서를 써야만 한다고 자신을 설득하려고 노력합니다. "어쨌든 나는 한 해 동안 여기 고용되었고 직장 상사(그도 역시 퀘이커 교도였습니다)의 명령이 아닌가!" 하지만 울만이 느낀 양심의 가책은 사라지지 않았습니다. "나는 괴로웠고, 상관과 친구들 앞에서 노예 제도가 그리스도교에 부합될 수 없다고 나의 믿음을 말했다. 그렇게 말함으로써 괴로움을 조금이나마 덜 수 있었다. 하지만 생각을 하면 할수록 직장에서 쫓겨나더라도 양심에 어긋나는 그 일을 못하겠다고 말했었어야 했다는 생각이 들었다."

이후 또 다른 퀘이커 교도가 울만에게 노예 매매 계약서를 써달라는 부탁을 하자, 그는 단호히 자기 입장을 밝혔습니다. "기도를 짧게 바친 뒤 나는 그것을 쓰기 어렵다고 말했다. 우리 사회의 많은 사람들이 노예를 소유하고 그것을 당연하게 받아들이지만 나는 그것이 옳다고 생각하지 않기 때문에 그런 일에서 빠지기를 바란다고 했다." 만약 울만이 여기서 멈췄다면 이야기는 그가 속한 퀘이커 교도들 사이에서 회자되는 감동적인 사례 중 하나로 남았을 것입니다. 그의 이야기는 신자든 비신자든 양심에 따라 사회의 관습에 맞서 싸운 한 개인의 멋진 사례였을 테니까요. 하지만 울만의 이야기는 여기서 끝이 아닙니다.

울만은 자신의 전 생애를 통해 그리스도교와 노예 제도가 일치할 수 없다는 것을 퀘이커 신앙 공동체와 동료 신자들에게 전하는 것을 자신의 미션, 즉 사명으로 삼았습니다. 개인적인 대화에서도 그는 양심대로 증거하기를 마다하지 않았습니다. 물론 어떤 때는 긍정적이고 따뜻한 응답을 받았지만 때로는 적대적인 반응이 돌아올 때도 있었습니다.

울만은 말로만이 아니라 실천 속에서도 단호하게 자기 양심을 지켰습니다. 그는 어떤 요구나 압력이 와도 노예 매매 내용이 들어 있는 계약서를 쓰지 않았습니다. 심지어 노예를 소유하고 있는 가정의 초대도 거절했고, 그들에게서는 어떤 선물도 받기를 거부했습니다. 또 어떤 형태의 협력이나 타협조차도 피했습니다.

이런 와중에도 울만은 인간적인 분노나 적대감으로 말해서는 안 된다는 것을 잊지 않았습니다. 그는 자신이 충분히 내적으로 고요하고 부드럽고 열린 마음으로 말할 수 있을 때까지 침묵을 고수했습니다. 그는 입으로만 사회 개혁을 외치면서 마구 날뛰는 야생마가 아니었습니다. 그는 이렇게 말했습니다. "나는 경험을 통해 진리에서만 솟아나는 잔잔한 기쁨에 맞추어 걸어가는 길을 찾았다. 더도 덜도 아닌, 그리스도의 참된 종으로서 꼭 필요한 길을 열어 나가길 원한다."

말과 행동에서 울만은 세상의 정신에 따라가는 것과 하느님의 영을 따르는 것의 차이를 배워 나갔습니다. 세상의 정신은 교만과 분노와 증오와 지배와 정복입니다. 그러나 하느님의 영은 사랑과 겸손과 부드러움과 만인을 위한 배려이며, 하느님의 목적에 따라 쓰이기를 바라는 마음과 순종입니다.

울만은 하느님과 끊임없이 대화했기에 자신이 속한 신앙 공동체와도 대화할 수 있었습니다. 그는 겸손하고 진지한 마음으로 자신에게 말씀하시는 하느님의 목소리에 귀를 기울였습니다. 그는 시대의 예언자였습니다. 하느님께 자신을 낮추어 순종했기에 그의 노력은 열매를 맺을 수 있었습니다. 울만은 이렇게 말했습니다. "내게 다가오시는 주님이 어떠한 갈등 속에서도 내 마음의 고요를 지켜주셨다. 세상에 속한 이들에 대항해 싸울 때에도 내게 부드러움과 열린 마음을 갖게 해 주셨다."

울만이 이렇게 노예 제도에 대항해 싸우기 시작했을 때 그의 나이는 불과 스물한 살이었습니다. 그는 퀘이커 공동체 내에서 노예 제도를 철폐하기 위해 평생을 바쳤습니다. 고통도 있었지만 그 고통 속에서도 그는 분노를 택하지 않고, 오히려 더 깊이 하느님을 향하는 길을 택했습니다.

1758년 드디어 울만이 속한 퀘이커 공동체는 연례 회의를 통해 노예 매매 금지와 노예 소유자 방문 금지를 결정했습니다. 울만은 곳곳을 다니며 소유하고 있는 노예를 해방시키라고 형제자매들을 설득했습니다. 그는 14년 동안 이 임무를 수행했고, 많은 참된 예언자들이 그러했듯이 자신이 그토록 바라던 바를 끝내 보지는 못하고 죽었습니다. 그가 죽고 4년 뒤인 1776년, 펜실베이니아의 퀘이커 교도 전체가 모든 노예를 해방시킬 것을 투표했습니다.

열쇠 : 함께 듣고 함께 기도하기

존 울만의 삶을 살펴보았습니다. 울만을 통해 퀘이커 공동체는 예언자적인 메시지를 들었는데, 왜 가톨릭이나 다른 신앙 공동체는 그런 예언자적 목소리를 듣지 못했을까요? 물론 그렇게 극단적으로 말할 일은 아니지만, 굉장히 중요하고도 결정적인 이유가 하나 있다고 생각합니다. 그것은 바로 퀘이커 교도들이 어떻게 기도하는지를 살펴보면 알 수 있습니다.

형식상 퀘이커 교도의 기도 모임이나 가톨릭 미사의 첫 부분인 말씀 전례는 본질적으로 차이가 없습니다. 미사의 말씀 전례도 본질적으로는 기도 모임이기 때문입니다. 즉 신앙인들이 모여 성경 말씀과 세상의 그리스도의 신비체에서 활동하시는 성령을 통해 그리스도를 기억하고 현존을 체험하는 것입니다. 그러나 실제적인 면에서 퀘이커 교도의 기도 모임과 미사의 말씀 전례에는 중요한 차이점이 하나 있습니다. 그것은 말씀 전례에서는 사제와 독서자가 모든 행동을 이끌고 나머지 회중은 가만히 듣는 반면, 퀘이커의 기도 모임에서는 참석자 전체가 서로 영적으로 밀접하게 연결된다는 것입니다. 이렇게 볼 때 어쩌면 퀘이커의 기도 모임이 초대 교회의 말씀 전례와 더 가까울지도 모릅니다.

물론 가톨릭 신자들도 미사 중 사제의 말씀 봉독과 강론에 가슴으로 응답할지 모릅니다. 하지만 결코 자발적으로 자연스럽게 큰 소리로 응답하지는 않는다는 말입니다. 우리는 전례 중에 서로 아무런 관계도 맺지 않습니다. 만약 미사 중에 신자들이 무슨 생각을 했는지 알고 싶다면 그들이 성당 문을 빠져나올 때를 기다려 살펴보면 알 수 있을 것입니다.

그러나 퀘이커 교도의 기도 모임에서는 누구나 상황에 적절한 성경 구절을 선택해서 읽을 수 있습니다. 누구라도 큰 소리로 기도할 수 있고, 성가를 선창할 수 있고, 자기 마음과 가슴으로부터 공동체와 함께 나누고 싶은 것을 이야기할 수 있습니다. 이런 면에서 퀘이커 교도의 기도 모임은 사도 바오로가 말한 초대 교회의 말씀 전례와 훨씬 더 가깝다고 볼 수 있겠습니다. "그러니 형제 여러분, 어떻게 해야 하겠습니까? 여러분이 함께 모일 때에 저마다 할 일이 있어서, 어떤 이는 찬양하고 어떤 이는 가르치고 어떤 이는 계시를 전하고 어떤 이는 신령한 언어를 말하고 어떤 이는 해석을 합니다. 이 모든 것이 교회의 성장에 도움이 되어야 합니다."(1코린 14,26)

물론 이 같은 예배는 무질서의 위험이 있습니다. 사도 바오로도 그 점에 대해서는 초대 교회 신자들에게 짚고 넘어갔습니다. 하지만 어쨌든 이러한 공동체에는 기도를 통해 새로운 도전에 맞서 나갈 가능성이 열려 있는 것입니다.

만약 앞서 말한 존 울만이 가톨릭 신자였다면 그의 주장을 과연 누가 들어 주었을까 상상하기가 어렵습니다. 그가 사제나 개신교 목사로서 노예 제도 폐지에 대해 설교했다면 그는 아마도 청중의 분노를 사거나 외면당했을 확률이 높습니다. 보통 주일 아침 어느 교회에서나 사람들은 미사(또는 예배)에 참석해 사목자의 말을 듣기만 할 뿐, 그와 함께 진정으로 기도하지는 않기 때문입니다.

그러나 세상을 살면서 그때그때 주어지는 도전에 맞서기 위해서 공동체는 반드시 예언자적인 말씀을 깊은 침묵 가운데 묵상해야 합니다. 그런 다음, 지적 논쟁이나 감정적 대응이 아니라, 공동체 구성원들 가슴속에서 활동하시는 하느님을 식별하고 형제들의 입을 통해 하시는 성령의 말씀을 들어야만 합니다. 요르단 강에서 행한 세례자 요한의 설교만으로는 충분하지 않기에 공동체는 기도를 통해 서로를 격려하며 '가서 보자!'고 응답했던 것입니다.

전에 다른 책에서 '관상적 듣기'Contemplative listening에 대해 쓴 적이 있습니다.* 그리스도인 공동체는 함께 기도하면서 관상적으로 들을 줄 알아야 합니다. 한 귀로는 말하고 있는 사람을 듣고, 또 다른 귀로는 자기 마음속에 일어나고 있는 영적 반응을 듣고, 그러면서도 항상 눈은 하느님의 얼굴에 고정되어 있어야 그분의 뜻대로 우리가 판단할 수 있는 것입니다.

존 울만이 자신의 신앙 공동체에서 예언자가 될 수 있었던 것은, 그 공동체가 긍정이든 부정이든 신앙의 결정을 하라고 자신들의 가슴속에서 일어나는 하느님의 목소리에 응답했기 때문입니다. 그리고 그렇게 되기 위해서는 그것을 가능하게 하는 예배의 구조가 있어야 합니다. 즉 5백 명 이상의 사람들이 강당 같은 교회에서 서로의 뒤통수를 바라보며 앉아서 강론을 듣고 30초 정도 있다가 미사의 다음 예식으로 넘어가는 구조에서는 아무도 설교대에서 나오는 예언자적 말씀에 관상적으로 깊이 응답하리라고 기대할 수 없다는 말입니다. 그렇다고 50명만 미사에 참석하고 450명은 집에 있으라고 할 수도 없고, 강당 같은 교회를 없애 버릴 수도 없는 일입니다. 그래서 우리는 혁명이 아니라 개혁에 대해 말하는 것입니다. 개혁은 아주 천천히 자라나는 것이고, 작은 데서 시작하는 것입니다.

우리가 여기서 하려는 것은 이 시대에 너무나도 중요한, 즉 어떻게 하면 복음이 우리 삶을 변화시킬까, 그 길을 찾는 것입니다. 그것은 교구회의나 각종 기도 단체, 성당 모임, 사제관, 수녀원 등등 어디서나 시작할 수 있습니다. 또는 남편과 아내가 복음을 통해

---

* 수도 생활에 대한 저자의 책 9장 참조. :「낮에는 구름기둥으로 밤에는 불기둥으로 : 하느님께 대한 열정적인 헌신으로서의 수도 생활」, 'Vita Evangelica' 시리즈 가운데 하나로 캐나다 수도자 연합에서 발행되었다(Cloud by Day, Fire by Night: The Religious Life as Passionate Response to God, 324 Laurier Ave. East: Ottawa, 1976).

서 가족의 삶을 변화시키고, 장사를 하거나 회사를 다니는 사람들이 함께 모여 기도하며 복음을 통해 사회적인 관습에 맞설 수도 있습니다.

가령 어떤 동네에서 가톨릭 여성 신자들이 모여, 뉴욕 시내에서 유행하는 옷의 스타일에 대해 함께 기도한다고 생각해 봅시다. 이는 사제나 수도자가 여성들의 과시욕과 허영에 대해 강론대에서 훈계하는 게 아니라, 여성 신자들 스스로 무엇이 적당한 옷차림인지, 하느님께서 자신들의 가슴속에서 어떻게 말씀하시는지 서로의 의견을 공유하는 것입니다. 또 성당 내 소수 민족이나 흑인, 가난한 이들에 대한 본당의 형식적이고 제도적인 이미지에 대해 소그룹으로 나누어 심각하게 토론하고 기도하는 건 어떻습니까? 현대사회에서 자녀들이 즐기는 다양한 레크리에이션이 복음에 비춰 어떠한지 부모들이 모여 살펴보는 것은 어떻겠습니까?

가톨릭 고등학교에 막 들어간 딸을 둔 한 어머니가 학교 댄스파티 규정에 대해 불평을 합니다. 그 규정에 의하면 여학생에게는 반드시 한 명의 에스코트가 있어야 하는데, 그것은 곧 모든 여학생들이 그 이전에 일대일 데이트를 시작해야 한다는 뜻이기 때문입니다. 그 어머니는 이렇게 말합니다. "사실 정말 싫지만 어쩔 수가 없어요. 그렇다고 딸에게 집에 있으라고 할 수도 없고…. 왜 열세 살밖에 안 된 애들을 벌써부터 둘씩 짝을 지워 댄스파티에 보낼 수밖에 없는 걸까요?"

그리스도인 공동체는 이런 문화에 대해 어떻게 반응해야 할까요? 불매 운동을 하거나 극장 앞에서 팻말을 들고 시위하거나 성당에 레크리에이션 센터를 짓거나 정치적인 캠페인을 벌이는 데만 그 해답이 있지는 않습니다. 물론 그런 일도 필요할 때가 있습니다. 그러나 여기서 제안하는 것은 그리스도인들이 함께 앉아서 하느님께서 우리 마음속에 말씀하시는 것을 듣는 것부터 시작하자는 말입니다. 곧 복음이 우리 삶을 이끌게 하자는 것입니다. 감정적이거나 지적인 열띤 논쟁이 아니라, 함께 모여 기도하면서 하느님의 말씀을 듣는 데서부터 시작하자는 것입니다.

사람이 목소리를 높여 소리칠 때마다 하느님께서는 오히려 목소리를 낮추어 속삭이신다는 말이 있습니다. 우리는 함께 모여 침묵하면서 귀가 아니라 마음으로 듣는 법을 배워야 합니다. 그렇게 될 때 우리는 확신에서가 아니라(우리 문화에서는 종종 편견이 확신으로 가장합니다) 내적 체험에 따라 움직이고 실천하게 됩니다.

하느님에 의해 움직이는 사람은 인생의 의미와 완성, 대의명분을 찾아서 자기 이미지를 높이려는 혁명가나 자칭 메시아가 아닙니다. 하느님에 의해 움직이는 사람은 다른 사람을 통솔하기 위해서가 아니라, 오히려 다른 사람에게 순종하기 위해서 행동합니다. 이는 존 울만이 말한 바와 같습니다. "당신이 말하는 계약서를 쓰려면 내 마음의 평화를 깨야 합니다. 나는 흑인들과 형제적인 방법으로 더불어 일해야 함을 알게 되었기 때문입니다."

함께 기도하지 않은 가톨릭 신자들

이 장을 마치기 전에 가톨릭 신자들은 어떠했는지를 살펴보겠습니다. 가톨릭 내에서도 노예 제도의 역사가 있었습니다. 이에 대해서 예수회 소속의 존 라파즈John LaFarge 신부의 자서전을 참고할 수 있습니다.

영국에서의 독립 이후 미국 메릴랜드 남부의 예수회는 매우 많은 농장과 노예를 소유하고 있었습니다. 1838년 퀘이커 교도들이 노예를 포기하기로 결정하고 나서 62년이 지난 후에야 예수회는 노예 소유가 적절치 않다고 결정하게 됩니다. 하지만 그 같은 결정을 위해 함께 모여 기도했다는 기록은 없습니다. 오히려 당시 관구장이 혼자 마음속으로 기도했고, 로마에 있는 총장에게 편지를 썼으며, 총장도 마음속으로 혼자 기도하고 나서 노예를 포기하라고 답장을 썼다고 전합니다. 그러나 예수회는 자기들 소유의 노예를 모두 해방시킨 것이 아니라, 팔아서 없앴을 뿐입니다. 관구장은 노예를 팔 때 지켜야 할 인간적인 조건 몇 가지를 제시했는데, 그것을 보면 당시 예수회의 양심이란 게 어떠했는지 잘 알 수 있습니다. 그들은 노예를 파는 현장에서 인간적인 조건을 지키는 데 주목했지만, 노예 매매 자체의 비인간적 현실은 불행히도 보지 못했습니다. 그들은 그 결정을 내릴 때 하느님 앞에 한데 모여 기도하지 않았던 것입니다.

라파즈 신부의 등장은 그런 일이 있고 75년이나 지난 후였지만, 당시 팔려 나갔던 흑인들의 후손은 모든 일을 분명히 기억하고 있었습니다. 「성품이 보통이다」(The Manner Is Ordinary, 1954)라는 책에 나오는 흑인 노파의 말에 의하면, 흑인 노예들은 성격이 '좋다, 나쁘다'라고 등급이 매겨졌고, 함께 살던 이들이 마치 상품처럼 팔려 나갔다고 했습니다. 그녀는 이렇게 기억했습니다. "카베리 Carberry 신부는 노예를 파는 일에 완강히 반대했습니다. 그는 기도하고, 또 기도했습니다. 그리고 다른 신부들에게 이런 죄스러운 일을 해서는 안 된다고 애원하고 또 애원했습니다. 그는 사람들에게 자신과 함께 기도하자고 청했습니다. 그러나 예수회 회원들은 투표로 그를 눌러 버렸습니다."

또 노예 상인들이 흑인들을 데리러 왔을 때 카베리 신부가 미리 귀띔해 몇 명은 도망갈 수도 있었다고 노파는 말했습니다. "배들이 와서 그들을 데리고 가면 사람들이 소리치며 울었습니다. 그들이 떠나고 나서야 숲에 숨었던 사람들이 나왔습니다. 카베리 신부는 그렇게 해서 다만 몇 명이라도 팔려 나가지 않은 것에 기뻐했습니다. 그는 착하고 거룩한 사람이었어요. 왜 카베리 신부 같은 이가 더 많지 않았을까요?"

문제는 카베리 신부 같은 사람이 왜 더 많지 않았나가 아닙니다. 아마 더 있었을 것입니다. 그리고 어쩌면 노예를 파는 데 찬성한 사제들 대부분이 그만큼 거룩했을 것입니다. (1832년 메릴랜드

주에 있던 예수회 회원들은 1776년 필라델피아 주의 퀘이커 교도만큼 거룩하지 않았거나 하느님 말씀에 마음이 열려 있지 않았다고 말할 수 없습니다. 가톨릭에도 퀘이커 교도들처럼 선한 사람들이 많았음에 틀림없습니다.)

정작 중요한 것은 왜 카베리 신부는 존 울만처럼 예언자적 역할을 못했는가 하는 것입니다. 이에 대한 대답은 무엇보다도 그들이 함께 기도했는가, 만약 그렇다면 어떻게 기도했는가에서 찾아야 합니다. 결국 문제는 우리가 어떻게 함께 '기도했는가?' 또는 '기도하지 않았는가?'인 것입니다.

평신도 영성의 열쇠

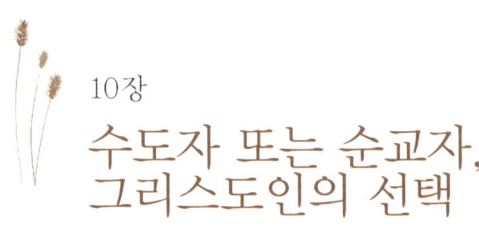

10장
수도자 또는 순교자, 그리스도인의 선택

　이 책은 그리스도인의 사회적 실천에 대한 것이 아닙니다. 이 책은 그리스도를 만나는 것에 대한 것입니다. 그리스도를 만났음에도 내 삶이 근본적으로, 뿌리부터 변하지 않았다면 사실 그리스도를 만난 것이 아닙니다. 또한 주변 사람들에게 그리스도인의 길을 보여 주지 않는다면 그리스도가 내 삶을 변화시켰다고 말할 수도 없습니다. 불에서 열이 나오고 등잔에서 빛이 나옵니다. 난로에서 열이 나오지 않는다면 불이 꺼져 있는 것입니다. 등잔이 뚜껑으로 덮여 있다면 불은 꺼졌거나 불이 있어도 곧 꺼질 것임을 누구나 압니다. 이는 그리스도교 공동체, 곧 그리스도인 가족과 조직과 성당도 마찬가지입니다. 공동체가 삶의 터전에서 일어나는 문제에 대해 신앙으로 맞서거나 응답하지 않는다면 그 공동체는 그리스도와 살아 있는 관계를 맺는 공동체가 아닌 것입니다. 둘이나 셋이 그분의 이름으로 모이는 곳 어디서나 그리스도는 그들 가운데 계신다고 하셨습니다. 그리고 그리스도가 그들 가운데 계신다면 아무 일도 하지 않으실 리가 없습니다.

그리스도와의 진정한 만남의 핵심 요소는 바로 기도와 회개와 공동체라고 앞에서도 말했습니다. 기도 속에서 우리는 하느님의 말씀을 묵상하며 삶을 바꾸겠다는 결심을 하는 것입니다. 회개를 하면서 존재의 뿌리부터 하느님 왕국을 향해 삶의 방향을 바꾸는 것입니다. 공동체 안에서 우리는 밀가루 반죽을 부풀리는 누룩처럼 살아갈 수 있도록 신앙으로 서로를 돕습니다. 즉 예언자적으로 세상에 맞서서 그리스도를 증거하며 사는 것입니다. 그런데 왜 우리는 자꾸 그렇게 살아가는 데 실패할까요?

그리스도를 가슴으로 체험하고 그분의 현존을 삶으로 드러내는 것에 실패하는 가장 큰 원인은 기도하는 데 실패했기 때문입니다. 개인적인 기도든 함께 모여서 하는 기도든 기도해야 하는 방법으로 하지 않고 있다는 말입니다. 다시 말해 앞 장에서 본 것처럼 우리 삶과 사회생활을 복음에 맞추어 변화시키려는 방식으로 기도하고 있지 않다는 것입니다.

물론 그렇게 기도하도록 훈련받지 않았다는 것도 인정합니다. 하지만 그런 변명은 더 이상 아무런 쓸모가 없습니다. 이쯤에서 우리는 그리스도와의 만남이 곧 자기 삶 속에서 복음을 정면으로 실천하며 살아가는 것임을 알아야 합니다. 그리고 우리가 사회 속에서 누룩이 되는 데 실패한 또 하나의 이유는 평신도 영성의 기본적인 개념을 잃어버렸다는 것입니다.

복음은 평신도에게 선포된다

우리 가운데 많은 이들이 평신도를 2급 그리스도인이라고 생각하는 것 같습니다. 그리고 '완벽한 그리스도인이 되기 위해' 사제나 수도자가 되고, 평신도는 '계명의 길'만 따라 살면 된다고 생각합니다. 평신도는 예수 그리스도께서 꼭 해야 한다고 하신 것을 할 뿐이지만, 수도자는 청빈과 정결과 순명의 복음적 권고의 길, 곧 예수님께서 더 나은 길이라고 말씀하신 삶을 살아간다는 것입니다.

예수님께서는 부자 젊은이에게 이렇게 말씀하셨습니다. "가진 것을 다 팔아 가난한 이들에게 나누어 주어라. 그리고 와서 나를 따라라."(루카 18,22) 이는 마치 예수님께서 그에게 사제나 수도자가 되라고 하신 것처럼 반복해서 설명되어 왔습니다. 그러나 사실 예수님께서는 그를 그리스도인이 되라고 부르신 것일 뿐, 그 이상도 그 이하도 아닙니다.

성경 어디에도 사제나 수도자의 삶의 방식에 대해 특별하게 적어 놓은 데가 없습니다. 성경이 쓰일 당시에는 사제도 다른 모든 사람들처럼 살았고, 수도자도 지금처럼 교회 안에 독립된 형태로 존재하지는 않았기 때문입니다. 복음에 나오는 모든 것은 사실 그리스도교가 무엇인지 우리에게 가르치기 위함입니다. 즉 평범한 사람이 예수 그리스도의 제자가 되기 위해서는 무엇이 필요하며, 우리 각자에게 무엇이 약속되었는지 등등 말입니다.

이러한 사실은 '완벽하게 되려는 이들'과 '하늘나라에 들어만 가면 되는 평신도'라는 구분에 길들여진 우리에게 많은 문제점을 던져 줍니다. 우리는 '은총 상태'만 유지하고 있으면 천국행 일반석 티켓을 얻은 듯 생각하는 경향이 있습니다. 그래서 세상의 모든 것을 다 버린 사제나 수도자는 이 세상의 막이 내리고 다음 세상의 막이 오를 때 천국행 일등석에 앉게 되고, 용기가 없어 예수님을 위해 '집이나 형제나 자매, 아버지나 어머니, 자녀나 토지'를 포기하지 못한 불쌍한 평신도는 하늘나라에 들어가기는 하되 뒷자리에 앉아 '백배나 받을 수 있었을 텐데.' 하며 안타까워 할 것이라는 말입니다(마태 19,29과 비교).

어떻게 이런 그림들이 떠올랐을까요? 그것은 기본적으로 다양한 역사적인 상황과 과정 속에서 일어났습니다. 그러나 실타래를 풀어 나가듯 역사를 거슬러 올라가기보다는 단순히 처음부터 무슨 일이 일어났는지를 살펴보기로 합시다.

순교 : 초기의 영성

두 가지 사실에서 시작해 봅시다. 첫째, 복음의 모든 것은 어떤 차별도 없이 모든 그리스도인에게 적용된다고 처음부터 이해되었다는 점입니다. 둘째, 모든 그리스도인이 실제 자기 소유의 모든 것을 팔아 가난한 이에게 나눠 주지는 않았다는 점입니다. 그들 모두 '스스로 고자가 되거나' 하느님 나라를 위해 독신 서약을 하거나 성생활을 포기하지는 않았다는 말입니다(마태 19,12과 비교). 하지만 중요한 것은 그들이 완전하게 되도록 불렸으며, 복음의 완전성을 자신의 궁극적 이상으로 알았다는 점입니다.

그러면 초대 교회가 그리스도인의 완전한 모델로 제시한 삶의 방식은 무엇일까요? 그것은 다름 아닌 순교였습니다. 순교를 삶의 방식이라고 부르는 것이 이상하게 들릴지도 모릅니다. 순교는 신앙을 위해 죽는 것이며 죽는 것이 매일 생활 속에서 일어나는 보통의 일은 아니기 때문입니다. 그러나 순교라는 말의 참뜻을 살펴보면 순교가 어떻게 삶의 방식이 되는지 이해하게 됩니다.

순교의 의미는 증거한다는 것인데, 이는 일반적인 단순한 증거가 아닙니다. 순교자들은 자신들의 삶으로 증거합니다. 그들은 신앙을 말뿐만 아니라 피로써 고백합니다. 그들은 예수 그리스도께서 말씀이 인간의 몸을 취해 오신 분임을 고문과 죽음에 스스로를 바치면서 고백했던 것입니다. 그 증거를 더욱 신빙성 있게 만든 것은, 그들이 예수 그리스도께서 제시하신 새로운 '길'을 포기하기는 커녕 다른 모든 것을 희생하려고 들었다는 점입니다.

순교를 통한 증거가 어려운 것은 감옥에 갇히거나 사형을 당하거나 재산을 빼앗기거나 모든 것을 포기하는 데 있지 않습니다. 진정으로 어려운 점은 항상 이와 같은 포기를 할 준비를 하고 있는 것입니다. 즉 위험을 알면서도 스스로 자유롭게 신앙을 받아들이고 매일같이 신앙인으로 살아가는 것입니다. 이처럼 위험을 감수하는 것이 진정한 의미에서 순교를 통해 그리스도를 증거하는 것입니다.

자신이 소중하게 여기는 모든 것을 순식간에 잃어버릴 위험을 안고 사는 것은 애초부터 모든 것을 버리고 포기한 채 살아가는 것보다 결코 쉬운 일이 아닙니다. 실제로 잡혀 가거나 죽음을 당하는 것은 매일같이 위험을 안고서도 복음의 진리에 과감하게 충성하며 사는 것에 비해 오히려 덜 긴장될 수 있습니다. 어쩌면 두려움이 더 견디기 힘들기 때문입니다. 하루하루 내일 어떻게 될지, 가난과 투옥과 죽음이 언제 어떻게 찾아올지도 모르는 삶을 사는 것이 사형 선고 자체보다 받아들이기 힘들 수 있기 때문입니다.

이렇게 예수 그리스도의 가르침에 절대적으로 충성하며 세상의 행복과 자유와 생명을 버리고라도 끝까지 증거하는 것이 순교라고 할 때 이는 바로 하나의 삶의 방식이 됩니다. 그리고 이것이 초대 교회의 영성이었습니다.

이 삶의 방식을 최초의 그리스도인들은 자기들의 모델로 받아들인 것입니다. 완전해지는 것이란 세상에 살면서도 거기에 집착하지 않고 자신의 마음을 하늘에 두는 것입니다. 그러므로 그것은 실제로 자신의 재산과 부인과 자녀와 생활의 모든 기반을 포기하는 것이 아니라는 말입니다.

그리스도인이 거룩하게 살기 위해 받아들인 첫 번째 방법은, 2천 년이 지나 제2차 바티칸 공의회에서 표현한 것처럼 평범한 가정과 사회생활입니다. 즉 세상 속에서 평범한 직장과 전문직 안에서 살아가는 것입니다(교회 헌장 31 참조). 가족, 직장, 사회, 정치 생활의 '평범함'이 곧 그리스도인의 존재와 영성 생활을 담아내는 현장이라는 것입니다.

그리스도인이란 세상에 살면서도 세상의 가치에 타협하지 않는 사람들입니다. 세상에서 소유하고 있는 어떤 것도, 그것을 빼앗길까 하는 두려움조차 '먼저 하느님의 나라와 그분의 거룩함을 찾는 데'에서 그들을 떼어 내지 못한다는 것입니다. 그리스도인이 된다는 것은 자신의 모든 희망을 과감히 하늘나라로 이미 돌려 버렸다는 것을 뜻합니다.

사도 바오로는 이렇게 말했습니다. "형제 여러분, 내가 말하려는 것은 이것입니다. 때가 얼마 남지 않았습니다. 이제부터 아내가 있는 사람은 아내가 없는 사람처럼, 우는 사람은 울지 않는 사람처럼, 기뻐하는 사람은 기뻐하지 않는 사람처럼, 물건을 산 사람은 그것을 가지고 있지 않은 사람처럼, 세상을 이용하는 사람은 이용하지 않는 사람처럼 사십시오. 이 세상의 형체가 사라지고 있기 때문입니다."(1코린 7,29-31) 다시 말해 세상에서 하느님께서 주신 것을 즐기지만 그것에 집착하지 않는 것입니다.

이렇게 하나의 삶의 방식으로 선택한 그리스도인의 순교 정신은 그리스도만을 위해 살아가며, 복음을 지킴에 있어서 타협하지 않고, 어떠한 희생을 치르더라도 개의치 않는 것입니다. 순교의 이런 정신은 하느님의 자녀가 되는 자유를 의미합니다. 이는 세상의 가치나 어떠한 위협에도 불구하고 초대 그리스도인들이 지녔던 과감한 자유의 정신입니다.

그리스도께서 부활하셨습니다. 그리스도께서 인간의 존재를 뿌리부터 흔드는 죄와 죽음에 대해 승리하셨습니다. 그리스도께서 우리에게 하느님의 나라를 주신 것입니다. 이로써 인간은 모든 가치를 뛰어넘어 사람이나 사건이나 물질에 구애되지 않고 자유롭게 그리스도만을 과감하게 증거하며 살게 된 것입니다. 복음에 나오는 '값진 진주'가 우리의 것이므로 다른 진주들은 이전에 아무리 가치가 있었더라도 이제 더 이상 아무런 의미가 없어진 것입니다.

이처럼 그리스도인이 거룩하게 살기 위해 선택한 첫 번째 모델은, 결혼을 포기하거나 재산을 가난한 이에게 주어 버리고 세상일에 관심을 끊는 등의 세상 포기가 아니었습니다. 그것은 세상에 대한 집착을 멈추는 것, 즉 세상에 대해 자유로워짐을 뜻했습니다.

그리스도교 순교자들은 복음을 살아가는 데 어떤 값도 치를 준비가 되어 있는 사람들이었습니다. 즉 그리스도의 진리와 가치를 지키기 위해 전력을 다했으며 그 이외의 것에는 집착하지 않았습니다. 사람이나 죽음이 앗아갈 수 있는 어떤 것도 걱정하지 않았습니다. 그들의 온 삶이 복음을 증거했고, 모든 선택이 예수 그리스도 안에서 발견되는 가치와 진리를 따랐습니다.

이렇게 순교자들이 자신의 믿음을 실천할 수 있었던 것은 세상 것을 잃든 얻든 관심이 없었기 때문입니다. 자신의 모든 것을 팔아 참된 보물이 숨겨져 있는 밭을 이미 소유했기에 그 외의 것은 다 괜찮았던 것입니다.

수도 공동체의 융성

박해 때에는 단지 그리스도인이라는 사실만으로도 언제든지 순교할 준비가 되어 있어야 했습니다. 새로운 '길'의 일원이 되기 위해 사람들은 모든 것을 걸어야 했던 것입니다. 마침내 박해는 끝났고 콘스탄티누스 대제가 가톨릭으로 개종을 했습니다. 즉 최고 '보스'가 우리 편이 된 것입니다. 이제는 그리스도인이 된다는 것이 정반대의 의미, 즉 내부의 실세를 의미하며 기성 체제에 편입되었습니다.

바로 여기서 혼란이 시작되었습니다. 사회 체제가 그리스도교를 받아들이자 그리스도교가 기존 체제를 흡수했다고 생각한 것입니다. 정부의 그리스도교화가 이루어지면서 그리스도인이 그 정부를 위해서 존재하는 것이 당연한 듯 여겨지게 된 것입니다. 황제는 그리스도인이 더 이상 국가의 문제가 아니라 일부가 되었다고 선포했습니다. 그리스도인들은 더 이상 나라의 골칫거리가 아닌, 체제 안의 새로운 존재로 받아들여졌습니다. 그런데 이때 그리스도인의 사회에 대한 예언자적 삶까지도 멈춰 버리고 말았습니다. 다시 말해 기성 체제의 일부가 되면서 문제 제기나 예언자의 역할을 하지 않게 된 것입니다.

이제 그들이 살게 된 사회는 그리스도교 사회라고 불리게 됩니다. 여기서 그리스도인들 스스로 속게 됩니다. 그들의 사회 문화와 자신들의 종교가 정말 하나라고 믿기 시작한 것입니다. 결국 그들의 사회 문화가 총괄적으로 표현되는 국가와 그리스도인들의 종교가 드러나는 교회가 하나가 된 것입니다. 이런 상태에서 종교와 사회 문화가 함께 하나로 인식되는 것은 당연한 일이 아니겠습니까? 사회의 고관대작들이 그리스도인이 되었으므로, 그들이 하는 일도 그리스도교적이라고 믿게 된 것입니다.

이러한 결과로, 그리스도인들이 체제의 정치적 태도와 세속적인 가치에 의문을 품으면 예언자적 삶의 증거가 아니라 종교적 광신이 되었고, 순교가 아니라 교회의 이단이라고 믿게 된 것입니다. 그리스도인이 해야 할 일이 이제는 저항이 아니라 순응이 되었습니다. 사회와 체제를 그리스도교적이라고 믿었기 때문입니다. 그래서 사회에서 인정받고 잘 받아들여지는 구성원이 곧 좋은 그리스도인이 된 것입니다.

이것은 어떻게 시민 종교가 생겨났는지를 보여 주는 아주 전형적인 예입니다. 종교와 사회 문화가 하나가 되었을 때, 사회 문화가 종교로 개종한 것이 아니라 그리스도교가 자신의 정체성을 잃어버린 것입니다. 사회 문화가 한 번 자신을 그리스도교적이라고 생각하게 되면 복음(기쁜 뉴스)은 더 이상 뉴스로 들리지 않게 된다는 말입니다. 그런 다음 생겨난 것이 새로운 영성의 발견입니다. 순교라는 오래된 영성의 자리에 새로운 영성이 떠오르는데, 바로 사막의 교부들의 영성입니다.

첫 세대의 그리스도인들은 인간의 도시City of Man 안에서 복음을 증거했습니다. 그들은 시장 한가운데서 복음대로 살려고 몸부림쳤고, 대형 원형 경기장에서 복음 때문에 죽어 갔습니다. 마치 예수님께서 '예루살렘을 향해' 가셔서 그곳에서 돌아가셨듯이 그들도 다른 곳이 아닌 인간의 도시에서 십자가에 못 박혀 죽었습니다.

그런데 그 다음 세대는 인간의 도시와 하느님의 도시City of God가 하나이며 사실은 같다고 속임을 당한 세대입니다. 그들은 도시에 살면서도 십자가형에 처해지지 않았고 오히려 편안하게 살게 되었습니다. 박해도 없고 예언도 없어졌습니다. 전쟁도 없어졌고 덩달아 복음에 대한 증거도 없어졌습니다. 그리스도를 증거하기 위해 모든 것을 걸어야 했던 때가 마치 머나먼 과거처럼 여겨졌습니다. 더 이상 순교는 없었습니다. 복음의 증거도 더 이상 없었습니다. 그리고 증거의 삶을 살려는 이도 없었습니다. 그리스도교가 사회 안에 흡수된 것입니다. 밀가루 반죽이 누룩을 흡수했지만 그렇다고 해서 아주 크게 부풀어 오르지도 않았습니다. 물이 포도주와 섞였는데 포도주가 본래의 맛을 잃을 정도로 잘못 섞인 것입니다. 모든 것이 평범하고 단조로워졌습니다. 그런데 그리스도인들의 마음에 무엇인가 거리낌이 느껴졌습니다. 예수 그리스도에 대한 사랑 때문에 '모든 것을 다 팔아'라고 했던 이상은 도대체 어디로 갔을까요? 그리스도를 믿기에 겪어야 했던 놀라운 체험들은 어디로 사라졌을까요?

여기서 하나의 응답이 있었습니다. 사막의 수도자들이 태어나기 시작한 것입니다. 도시에서 그리스도교를 살기 위한 사명감과 도전이 사라졌다고 한다면 그리스도인들은 사막에서 새로운 도전을 찾았던 것입니다. 자신의 모든 것을 걸고 예수님을 따랐던 순교의 영성이 그분을 위해 모든 것을 포기하는 영성으로 수도원 안에서 새로 태어난 것입니다.

본질적으로 두 영성은 같습니다. 즉 두 영성 모두 그리스도인들이 세상에서 이루고자 하는 것은 예수 그리스도의 복음과 신앙으로만 설명됩니다. 순교자는 매일 자신이 가진 모든 것을 잃어버릴 위험을 감수한 채 세상 속에서 살아가는 것이고, 수도자는 그가 가진 모든 것을 포기하면서 세상을 떠나가는 것입니다.

두 영성의 공통점은 예수 그리스도의 약속과 하느님 나라를 위해서 세상의 모든 것을 철저히 포기한다는 점입니다. 수도자는 인간의 도시에서의 생활과 결혼, 사유 재산을 실제로 포기함으로써 세상에 대한 내적 죽음을 표현합니다. 반대로 순교자들은 인간의 도시 안에서 살아가며 결혼하고 애를 낳아 키우고 물건을 사고팔며 세상 속에 뿌리를 내리고 남아서 세상에 죽음을 표현합니다. 한 순간에 자신이 가진 모든 것을 잃어버릴 위험을 늘 안고 살아가기 때문입니다. 요컨대, 세상에 뿌리내리기를 거부하는 수도자나, 세상에 살면서 그리스도 때문에 언제든지 뿌리가 뽑힐 준비가 되어 있는 순교자나 하느님 나라의 약속과 복음의 진리에 자기 가슴과 삶을 모두 바치는 것입니다.

그리스도인의 실수

그리스도인들이 어디서 실수를 했는지 지금에야 겨우 알아차리게 된 것은 수도원 운동의 영성이 순교자 영성을 대체했다고 생각하는 데 있습니다. 사실 수도원 운동의 영성이 순교자의 영성을 대체한 것이 아니라 보충했어야 했는데 말입니다. 순교와 수도원은 교회 안에서 하나가 하나를 대체하는 것이 아니라, 서로가 서로를 보충해 주어야 합니다. 즉 초대 교회 때는 완전한 그리스도인이 되기 위해서 순교자가 되어야 했고 지금은 수도자가 되어야 한다는 식으로, 하나가 하나를 대체하는 것이 아니라는 말입니다.

수도자든 순교자든 그리스도인이라면 오늘날 이러한 선택을 해야 합니다. 복음 때문에 모든 것을 하루아침에 내놓을 수 있는 순교의 영성이든, 모든 것을 포기하고 사막으로 향하는 수도원 영성이든 둘 중 하나는 선택해야 합니다. 즉 세상에 살면서 복음을 증거하든지, 세상을 떠나 사막에서 증거하든지 말입니다.

여기서 세상의 것을 포기하고 사막이나 수도원으로 가는 영성이란 실제 지리적으로 자기가 살던 동네를 떠나 광야나 수도원으로 가는 것을 지칭하지는 않습니다. 물론 그렇게 하는 사람도 있습니다. 오늘날 우리는 그런 이들을 수도승monk이라고 합니다. (관상 수도원도 있고 봉쇄 수도원도 있습니다.) '세상을 떠나다'라는 말은 평범한 가정과 사회생활, 즉 재산이나 결혼과 자녀, 세속의 직업과 전문직을 실제로 포기하고 세상 안에서의 자기 몫을 버리는 행동을 말합니다(교회 헌장 31 참조). 이러한 사람들을 수도자religious라고 부릅니다. 그들은 사람들의 도시 안에서 무슨 일을 하든지 어디서 살든지 청빈과 정결과 순명을 서약합니다. 이렇게 사람이 살아가는 데 필요한 기본적인 관계들을 포기할 때, 비록 육체적이고 지리적으로 세상을 떠난 것은 아니지만 실제적으로 세상을 떠난 사람들이라는 것입니다.

그런데 수도자들이 떠난 세상이 죄악으로 가득 찬 나쁜 세상은 아닙니다. 사실 이 세상은 정확히 보면 평신도들의 성화에 꼭 필요한 환경입니다. 수도자들은 소유나 결혼, 세속의 모든 관계들에서 스스로를 분리해 나가지만, 역설적으로 그것이 곧 평신도 생활이 거미줄처럼 얽혀 있는 환경입니다(교회 헌장 31 참조).

생활 방식이 열쇠

수도자는 삶의 방식을 통해 복음을 증거합니다. 마더 데레사 수녀와 동료 수녀들은 하루에 12시간에서 14시간씩 캘커타의 거리에서 죽어 가는 사람들을 데려다가 돌보았습니다. 수도자와 평신도의 차이는 그들이 하는 일이 아니라 살아가는 삶의 방법에 있습니다. 평신도도 수도자나 사제가 되지 않고도 마더 데레사 수녀와 같은 일을 할 수 있습니다.

오늘날 우리의 문제는 무엇이 평신도 특유의 거룩한 삶의 방식인지 모른다는 점입니다. 심지어 평신도 스스로도 자기만의 고유하고 특별한 삶의 방식이 있음을 깨닫지 못하고 있습니다. 그러나 평신도는 분명 고유한 삶의 방식을 가지며, 그것은 평신도 고유의 영성의 특별한 원천이 됩니다.

평신도의 삶의 방식은 세속성을 지니며 순교의 영성을 살아갑니다. 여기서 세속성이란 평신도가 세상의 일부분으로 살아가도록 불림을 받았다는 뜻입니다. 평신도는 사유 재산이나 결혼, 비즈니스를 통해서 세상 속에서 관계를 맺습니다. 평신도는 세상 속에 투자를 하고 뿌리를 내리며, 절망하지 않고 세상에 희망을 둡니다. 물론 평신도들의 참된 보화는 하늘에 있습니다. 그러나 그들은 자기 몫을 이 세상에도 갖고 있습니다. 노동을 하고, 돈을 모아 집을 사고, 매달 적금을 부어 나갑니다. 자녀들을 위해 헌신하며 자녀들이 힘들고 어려운 세상 속에서 잘 살아갈 수 있도록 키웁니다. 평신도들은 세상 안에서 절망하기를 거부하고 긍정적으로 정치·경제에 관여합니다.

평신도 영성은 이렇듯 은총에 기반을 둔 희망의 영성입니다. 이 영성은 세상 밖 혹은 세상을 초월하는 것이 아니라 지금 여기 세상 안에서 구원의 가능성을 찾는 것입니다. 그리고 은총과 하느님께서 주신 삶이라는 선물을 통해 세상을 구원하는 것입니다. 평신도 영성은 하느님 나라가 지금 여기 와 있음을 믿고, 구체적이고 실제적인 노력을 통해 제도와 정치와 관습과 윤리와 일상생활 속에서 하느님 나라를 실현하도록 노력하는 것입니다. 그래서 평신도들은 세상 한가운데서 자신의 생활을 영위하고 세상과 거래를 하면서 이러한 희망을 표현하는 것입니다. "평신도들은 그리스도인 정신으로 불타올라 마치 누룩처럼 세상에서 사도직을 수행하도록 하느님께 부름받았다."(평신도 교령 2)

이것이 그리스도인의 세속성입니다. 이에 적합한 영성은 바로 순교의 영성입니다. 세속적인 그리스도인은 말로만 증거하는 것이 아니라 "행동으로 진리 안에서"(1요한 3.18) 증거합니다. 그리고 그리스도인이 세상 안에서, 세상과 거래하면서도 참된 그리스도인으로 살아가려면 반드시 겪어야 하는 위험이 있습니다. 어떤 위험들이 있을까요?

평신도의 삶에 내재된 위험

우리는 보통 자신의 영혼을 구하는 데 평신도보다는 수도자가 훨씬 쉬우리라고 생각합니다. 평신도는 죄와 유혹 한가운데서 살아가기 때문입니다. 그러나 사실 유혹이라는 것은 어디에서 살든, 어디를 가든 그리스도인의 존재적 실체입니다. 예수 그리스도는 사막으로 가셨을 때 유혹을 받으셨고, 도시로 돌아와 십자가에 못 박히셨습니다. 몸부림치는 투쟁 없는 그리스도인의 삶은 없습니다. 그리스도를 따른다는 의미는 자기 십자가를 지고 도시 한가운데든 사막 한가운데든 그리스도를 따르는 것입니다.

세상은 분명 평신도의 성화가 이루어지는 곳입니다. 그러나 이 세상은 결코 그리스도교와 완전히 평화를 이룰 수 있는 곳이 될 수 없고 앞으로도 아닐 것입니다. 아무리 그 사회와 문화가 선하다 할지라도 그리스도인의 가치와 태도를 완전히 받아들이는 환경과 배경이 될 수는 없다는 말입니다. 그리스도인이 세상을 타락했다고 여기는 것은 아닙니다. 그렇다고 세상이 복음을 완전히 받아들인,

복음에 의한 세상이라고 보지도 않습니다. 아무리 좋은 세상도 두 가지 특징을 지니기 때문입니다.

첫째, 죄의 힘이 항상 세상 안에서 작용하면서 가족과 정치, 사회, 경제에 방향을 제시하고 있다는 사실입니다. 이처럼 인간 존재의 여러 영역에서 죄가 작용하고 있기에 그리스도교의 원칙에 따라 세상을 살아가려는 이들에게는 항상 위협이 되는 것입니다.

둘째, 세상에 만연한 무기력함은 그리스도교에 적극적으로 적대적이지는 않더라도 인간 활동을 성화하려는 어떠한 행동이나 정신도 거부한다는 것입니다. 즉 누가 되었든 현 체제와 상황을 뒤흔드는 사람은 다른 이들로부터 분노의 대상이 됩니다. 물론 나중에 그 사람이 영웅으로 칭찬을 받게 될 수도 있지만, 그 당시에는 돌에 맞을 위험을 감수해야 합니다.

그리스도 교회의 세속성은 그 개념부터 위험한 모험입니다. 이 세상에 산다는 것은 세상의 모든 활동에 참여하며 세상 모든 것의 일부분이 됨을 의미합니다. 그런데 세상에 살면서 세상을 초월해서 그리스도의 빛에 의해 살아가는 것은 그 자체로 세상과 충돌을 불러일으키게 되는 것입니다. 이는 인간 사회에서 가장 강력한 세력과 정면충돌을 하는 것일 뿐 아니라, 사회·문화의 여러 방면에서 필요한 협조를 받을 수 없습니다. 사회·문화는 비록 그것이 선한 것일지라도 특별히 하느님 왕국에 관심이 없으며 남들과 다르게 살려고 하는 그리스도인들을 이해하지 못하기 때문입니다. 게

다가 그리스도교 순교자들은 적들의 공격뿐 아니라, 가까운 친구들의 간청에도 맞서야 합니다. 이들은 모두 만만치 않은 상대들이며, 마귀이면서 또한 보통의 평범한 사람들입니다. 상황을 더 어렵게 만드는 것은 바로 우리 안에 적들의 모습이 조금씩은 모두 있다는 사실입니다!

그런데 우리는 이제 순교의 시대는 끝났다고 생각하면서 평신도 영성의 참뜻도 잊어버립니다. 순교는 박해의 시대에만 있는 것이 아닙니다. 이는 그리스도인이 지닌 세속성의 상태 자체에 내제해 있습니다. 순교의 시대는 우리가 살아 있는 한 우리와 함께 이 세상에서 계속될 것입니다. 즉 지금 이 세상에 그리스도인들이 살아가고 있다면 그리스도인 순교자 또한 많이 있을 것이고 많이 있어야만 하는 것입니다. 순교는 수도원 운동으로 대체되는 것이 아닙니다. 수도원 운동은 두 번째로 추가되었을 뿐입니다. 수많은 그리스도인의 영성이 이 세속성 안에서 증거자로 살아가는 것, 세상에 속한 평신도의 영성입니다. 그리고 이것이 바로 순교자의 영성입니다.

평신도 영성을 쇄신하기 위해서는 회개가 필요하며 세상과 맺는 관계 전체를 바꿀 마음이 있어야 합니다. 우선적으로 우리가 알아야 할 것은, 어떠한 위험을 무릅쓰고라도 세상 안에서 증거자로 살아가도록 우리 각자가 불림을 받았다는 사실입니다. 다시 말해 삶의 모든 상황 속에서 우리는 그리스도의 증거자가 되기 위해서 위험을 감수해야 함을 알고 그 가능성을 받아들이고 또 기뻐해야 합니다. 세상 무엇도 예수 그리스도께 대한 우리 신앙에 아무런 위협이 되지 않는 듯 아무렇지 않게 받아들일 수 있는 것은 없습니다. 그리스도인이라는 사실 자체가 세상에서 모든 것을 잃을 위험을 감수해야 하기 때문입니다. 만약 우리가 하느님의 왕국과 그분의 정의를 먼저 찾는다면, 예수 그리스도의 진리와 가르침을 철저히 살아가려고 한다면 우리를 불법으로 규정하고 박해하는 정부만 문제가 되는 것은 아닙니다. 더 무서운 것은 은근슬쩍 몰아나가는 사회 자체입니다. 그리스도인이 되었다는 것은 적어도 이러한 위험을 감수하기로 한 것입니다.

그리스도인들이 이런 위험을 감수하는 것은 그것이 바로 그리스도와의 관계와 자신들의 영성의 본질이기 때문입니다. 그렇지 않다면 우리는 알게 모르게 세상의 법칙과 그에 맞춰야 하는 압력과 두려움에 휩싸여 살아갈 것입니다. 우리 가슴 깊숙한 곳에 있는 모든 것을 '팔아 버리지' 않는 한, 예수 그리스도를 위해 모든 것을 버릴 자신이 없는 한, 이 세상에서 사회와 맞서 나갈 용기와 마음과 정신의 내적 자유를 갖지 못할 것입니다.

마음 자세의 문제

이제 기본적인 마음가짐, 즉 마음 자세에 대해 이야기하겠습니다. 올바른 관점을 갖고 세상으로 나아가기 위해 심리적으로 우리는 자신을 준비해야만 합니다. 자라면서 우리는 평범한 삶 속에서도 충실한 그리스도인이 되는 일이 가능하다고 믿어 왔습니다. 이런 자세가 옳을지도 모르지만 또 한편으로는 심각한 문제를 일으키기도 합니다.

평범하게 산다는 것이 그리스도인이 세상을 단죄하거나 세상으로부터 분리되지 않음을 뜻한다면 그런 자세는 정말 맞습니다. 그리스도인은 세상의 제도에 대해(결혼 제도나 가족, 사회생활, 비즈니스, 직업, 정치 등) 아무것도 적대시하거나 반대하지 않습니다. 술을 마시는 것, 춤추는 것, 데이트하는 것, 사고파는 행위, 선거, 학업, 영화 보러 가는 것 등등 어느 것 하나 반대하지 않습니다. 달리 말하면 그리스도인은 인간의 삶이 이러한 요소들로 구성된다는 것을 받아들인다는 뜻입니다. 이렇게 볼 때 그리스도인은 이 세상 안에서 평범하게 보통의 삶을 살아가는 데 무리가 없습니다. 힐레르 벨록Hilaire Belloc은 이렇게 표현했습니다.

> 가톨릭 태양이 빛나는 곳 어디서나
> 항상 웃음과 선행과 붉은 와인이 있네.
> 적어도 나는 항상 그렇게 보아 왔다네.
> 주님을 찬양합시다!

더 나아가 그리스도인은 세상 사람들이 맞부딪치는 윤리적인 선택이 매우 복잡함을 인정하고 모든 것을 흑백으로 단순하게 생각하지 않습니다. 정치인들이 타협을 해야 한다는 것도 잘 압니다. (토마스 아퀴나스 성인은 정치를 '가능성의 학문'이라고 규정했습니다. 정치인들은 자신들이 할 수 있는 것을 목표로 하며, 무엇을 할 수 있는지 이상을 목표로 삼지 않습니다.) 우리는 과음하는 경우가 많거나 음란한 영화가 많다고 술 마시는 것과 영화 보는 것 자체를 금하지 않습니다. 또 누가 그리스도적 윤리에 충실하지 않다고 해서 그와 관계를 끊지도 않습니다.

만약 우리가 세상살이나 윤리적인 결정 내리기가 얼마나 복잡하고 어려운지 인정하지 않고 살았다면 게토ghetto로 가서 따로 살아야 했을 것입니다. 그리스도인은 정치·사회·경제·전문 분야의 활동에서 떨어져 있어야 된다고 생각하지 않습니다. 오히려 우리는 사회적 삶에 참여하며 함께합니다. 이렇듯 그리스도인들은 세상 속에서 보통의 평범한 삶을 살아갑니다.

그런데 세상 속에서 보통의 평범한 삶을 받아들인 사실 자체가 우리가 바꿔야 할 자세는 아닙니다. 정작 문제는 보통의 평범한 삶을 살아가도 된다고 생각하는 잘못된 기대입니다. 그리스도인들은 마음속 깊이 어딘가에 있을 '세상에서 성공해서 살 거야.'라는 기대를 포기해야만 합니다. 정말 마음속 깊이 받아들이고 기대하고 심지어는 끌어안아야 하는 것은, 바로 복음 때문에 우리가 이 세상에서 십자가에 못 박혀야 한다는 사실입니다. 그러므로 가족·사회·경제·전문 분야 및 시민 정치 생활 등 어느 영역에서나 십자가에 못 박힐 것을 기대해야 한다는 것입니다. 물론 우리는 이런 일이 실제로 일어나지 않도록 최선을 다해야만 합니다. 어떠한 결과가 나오더라도 일단 하느님의 왕국과 정의를 위해 살겠다고 삶의 방향을 정한 다음부터는 주님께서 주시는 모든 방법을 통해서 추방당하거나 박해받거나 해고를 당하거나 감옥에 갇히거나 사회적으로 별 볼 일 없는 존재로 잊히는 일이 없도록 노력해야 한다는 말입니다. 일반적으로 그리스도인들은 순교가 실제적인 현실이 되도록 찾아 나서지는 않습니다. 그리스도인이 찾는 것은 하느님의 왕국입니다. 실제 순교는 복음을 위협하지 않으면서 오랫동안 피하는 것이 가능합니다. 물론 이것이 문제가 될 수도 있습니다.

    토마스 모어 성인은 성질이 급한 사위 윌리엄 로퍼William Roper에게 자신이 왜 모든 법 조항을 이용해 온갖 방법으로 헨리 8세와 정면 대결을 피하려고 했는지 설명합니다. 순교는 영광스러운 면모를 지니지만 모어는 로퍼에게 「사계절의 사나이」(A Man for All Seasons, Robert Bolt, 1962)에서 이렇게 말합니다. "하느님은 천사들이 당신 영광을 드러내게 하셨네. 그러나 인간은 기지와 잔꾀로 하느님을 섬기게 하지. 물론 더 이상 빠져 나갈 길이 없으면 최선을 다해 맞서야겠지. 맞아! 그때는 마치 우리가 투사가 된 것처럼 소리를 지르며 과감하게 침을 뱉어 버리는 거야. 그러나 거기까지 이끄는 것은 우리가 아니라 하느님이시라네. 우리의 임무는 되도록 빠져나가는 것이지. 그러니 집에 돌아가서 빠져나갈 법 조항을 연구해 보세나."

모어는 자신의 지혜와 법적 경험을 총동원해 어떤 말이나 행동도 왕에게 대항하는 반역의 표현이 되지 않도록 피해 갑니다. 하지만 그는 헨리 8세를 영국 교회의 수장으로 선출하는 서약을 끝내 하지 않았고, 반역으로 해석될 수 있기에 거절의 이유를 말하지 않았습니다. 그는 다만 서약을 거부했을 뿐입니다. 여기서 그는 뱀처럼 영리함을 보여 줍니다.

하지만 결국 모어는 체포되고 사형 선고를 받게 됩니다. 그때에도 그는 양처럼 순박함을 보여 줍니다. 그에게는 매우 간단하고 단순한 선택이 남았습니다. 즉 서약을 거부하거나 신앙을 거부하거나 둘 중 하나였습니다. 그는 딸 마가렛과의 대화에서 자신의 속마음을 드러내지 않으면서도 지금까지 서약을 거부한 이유를 설명합니다.

> 마가렛 : 이 나라에 진실이 적어도 반만이라도 살아 있다면 아버지가 지금까지 해 온 일로도 이보다 더 인정을 받았을 거예요. 아버지가 있을 곳은 여기가 아니잖아요. 이 나라의 4분의 3이 악한 것이 아버지 잘못은 아니잖아요. 그런데도 아버지가 고통을 마다하지 않는다면 아버지는 영웅이 되는 길을 선택하는 거예요.

모어 : 영웅이라… 듣기 좋구나. 그러나 생각해 보렴. 만약 덕행이 이윤을 내고 상식이 선행이 되고 탐욕이 성인을 만드는 사회에 우리가 살고 있다면 영웅도 필요 없는 꿈나라에서 동물이나 천사처럼 살아가겠지. 하지만 탐욕, 분노, 교만, 태만, 욕정, 어리석음이 겸손과 순수와 용기와 정의보다 인정받는 세상에서는 선택을 할 수밖에 없단다. 그것이 영웅이 되는 길이라 해도 굳게 신념을 지킬 수밖에.

그리스도교 순교자는 이 세상을 사랑하는 사람이어야만 합니다. 그는 행복한 가정생활을 찾고 아름답게 살려고 노력하는 사람입니다. 그는 사람들과 어울리기를 즐기고 우정을 소중하게 여기는 사람입니다. 그는 자신이 하는 일에 열정이 있고 일에서 인간적인 것뿐 아니라 신적인 가능성도 볼 줄 아는 사람입니다. 토마스 모어는 그런 사람이었습니다. 그는 인간적인 학자요, 변호사인 동시에 성공한 정치가였습니다. 그는 한 가정의 남편이자 아버지였으며, 시인이었고, 유머를 좋아하는 철학자이자 극작가였습니다. 버나드 바셋이 쓴 「우정을 위해서 태어남」(Born for Friendship, Bernard Basset)이 바로 그의 삶을 묘사한 책이며, 「사계절의 사나이」 또한 그에 관한 책입니다. 토마스 모어의 자서전을 쓴 이들은 그의 정신을 이렇게 표현했습니다. "그는 삶을 사랑했고 자신이 사랑하는 삶을 끝까지 놓치지 않으려고 최선을 다했습니다."

세상에서 하느님을 증거하는 그리스도인은 먼저 큰 희망great hope을 가지고, 또 하느님께 큰 신뢰great trust를 두어야 합니다. 무엇을 먹을까, 입을까, 마실까 걱정하지 않고 먼저 하느님의 나라와 그분의 의로움을 찾는다면 "이 모든 것도 곁들여 받게 될 것이다."(마태 6,33)라고 예수님께서 말씀하신 것을 우리는 듣지 않았습니까?

희망과 신뢰는 좋습니다. 그러나 중요한 것은 이 세상을 살아가면서 박해 없이, 아무런 위험 없이 지낼 수 있으리라고 기대해서는 안 된다는 것입니다. 만약 아무 위험 없이 지낼 수 있다고 믿는다면 그리스도인으로 살겠다는 우리의 결정은 직장에서 살아남기 위해서, 친구나 사회적인 위치와 소유물 등을 지키기 위해서 세상과 타협하지 않을 수 없습니다. 그렇지만 만약 복음에 대한 우리의 특정한 입장 표명이 세상에서 보통의 삶, 평범한 사회생활, 남들이 하는 일들을 불가능하게 만든다면 그 또한 우리가 복음을 잘못 해석하고 있다고밖에 볼 수 없습니다. 그것은 우리가 광신도가 되고 있다는 뜻이기 때문입니다.

말씀에 살 입히기

지금까지 말한 바는 단순한 도덕적 근본주의를 제안하는 것이 아닙니다. 어떤 결정을 하든 이론적인 찬성과 반대가 있고, 좋고 나쁜 결과가 동시에 있을 수 있기 때문에 모든 도덕적 선택에 있어서 신중해야 합니다. 공산주의자와 악수하느니 차라리 미국의 대통령직을 포기하라는 극단적인 이야기가 아닙니다. 신중하고 중립을 지킨 도덕적 선택이 종종 편협한 이들에게는 타협하는 것처럼 보인다는 것도 압니다. 그러나 그리스도인들에게 이 시대의 가장 큰 위험은 다른 것이 아닙니다. 그것은 세상에서 다른 사람들과 똑같이 살면서 복음이 아니라 사회가 결정한 그리스도인의 의무를 무비판적으로 받아들이며 살아가는 것입니다.

이미 1장과 6장에서 몇 가지 예를 제시했습니다. 여기에 사제이자 사회학자인 앤드류 그릴리Andrew Greeley의 통계를 덧붙일 수 있겠습니다. 1963년부터 10년 사이의 통계치를 보면, 약혼한 사이의 성관계는 괜찮다는 이들이 12퍼센트에서 43퍼센트로 증가했고, 이혼을 찬성한 이들은 52퍼센트에서 73퍼센트로 증가했습니다. 또 1974년도에는 아이를 원하지 않는 부부에게 합법적인 낙태가 허용되어야 한다는 의견이 70퍼센트였습니다. 게다가 이 통계는 가톨릭 신자들이 판단을 내리는 데 있어서 그리 복잡한 쟁점도 되지 못했습니다.

이러한 결과는 가톨릭 신자들 역시 세상 사람들과 똑같이 살아도 된다는 입장을 보여 줍니다. 즉 이 사회와 문화에서 인정되고 받아들여지는 관습과 태도는 종교 안에서도 받아들여져도 된다고 가톨릭 신자들이 믿는다는 것입니다.

좀 더 매일의 우리 생활 속에서 볼 수 있는 예를 들어 봅시다. 한번은 7~8학년 여학생들에게 성 윤리 강의를 한 적이 있었습니다. 강의는 잘 끝냈지만 학생들에게 도움은 별로 되지 않았던 것 같았습니다. 나중에야 그 이유를 알았습니다.

그 여학생들은 강의를 재미있어 했고, 아마도 강의 내용도 잘 이해한 것 같았습니다. 그리고 제가 주장하는 논리에 반대하지도 않았습니다. 그런데도 그 강의는 실상 그들에게 아무런 도움도 주지 못했습니다. 강의 내용은 성적 표현을 할 때 적용되는 몇 가지 원칙에 대한 것이었는데, 나중에 알고 보니 그 여학생들은 전혀 다른 문제로 고민하고 있었던 것입니다.

그들이 관심을 가지고 있던 것은 성sex이 아니라 그들 또래 그룹에 소속되는 것이었습니다. 그들은 데이트를 시작하는 참이었습니다. 즉 데이트를 하는 것이 그들 또래 그룹 사회에 소속되는 중요한 일이었습니다. 그들은 제 강의 내용과 자기네 또래 그룹의 관습이 서로 양립할 수 없다는 것을 이미 알고 있었던 것입니다.

그 여학생들이 제 말을 듣고 성 윤리를 받아들인다는 것은 곧 데이트를 포기하는 것이었습니다. 물론 자발적으로가 아니라 친구들로부터 밀려나는 것을 의미했습니다. 또래 친구들 모두가 하는 식의 데이트를 자기만 하지 않는다는 것을 그들은 상상조차 할 수 없었고, 그리스도교적 성의 의미에 관한 제 강의 같은 건 이전에 들어본 적도 없었던 것입니다.

여기서 핵심은, 성에 대한 그리스도교의 가르침에 충실하다면 정말 데이트를 포기해야 하느냐 마느냐가 아닙니다. 진정한 핵심은 이 여학생들이 자기 또래의 친구들이 받아들이지 않는 이상이나 태도는 무엇이든 틀리다고 믿는 것입니다. 이는 우리가 자신이 속해 있는 문화나 연령층의 가치가 무엇이든 옳다고 믿는 것과 다르지 않습니다.

만약 그 여학생들이 처음부터 다른 방향으로 이끌어졌다면, 즉 여기서 말하는 그리스도교의 순교 영성으로 인도되었다면 어땠을까요? 그들은 그리스도교에서 자기네 또래 문화와는 다른, 성에 대한 새로운 비전을 찾았을 것입니다. 그러면 그것은 그 또래 그룹의 데이트 문화에 부합될 수 있었을까요? 아마도 그들은 또래 그룹의 문화를 기준으로 그리스도의 가르침이 맞는지 안 맞는지를 판단한 것이 아니라, 먼저 그리스도의 가르침을 찾고 자기 또래 그룹에게 그것을 증거했을 것입니다.

데이트를 하지 않는다면 데이트 안에서 그리스도를 증거할 일도 없기에 그들은 그리스도인이 되는 동시에 데이트를 하는 법을 찾았을 것입니다. 그들이 그리스도교의 비전을 받아들이는 조건으로 데이트를 하지 않았다면 예수님께서는 그들을 위해 그 두 가지를 모두 가능하게 해 주셨을 것입니다.

이 사회에서 평신도들이 그리스도에 대한 증거와 그에 따른 위험까지도 특별한 영성으로 받아들일 준비가 되어 있다면 그리스도교 역사에 완전히 새 시대가 열릴 것입니다. 교회의 주요 사업이 사제나 수도자가 아니라 평신도라는 엄청난 수의 그리스도인에 의해서 새로이 시작될 것입니다.

결국 교회의 모든 일은 하나로 모아집니다. 즉 그리스도를 증거하는 것입니다. 우리가 진정한 사도직으로 해야 할 일은 그 무엇보다도 그리스도께 드려야 될 우리의 증거witness입니다. 그리스도의 사랑과 진리를 드러내는 일, 그리고 그분의 말씀에 살을 입히는 일이 바로 이 세상에서 그리스도의 몸의 지체, 즉 그리스도인이 된다는 의미입니다.

홀로 함께 걷는 법

11장
사회 환경 속에서의 순교

    지난 수세기 동안 순교의 영성은 가톨릭 정신 안에서 사라졌습니까? 만약 사라졌다면 그것은 누구의 책임입니까? 이 물음에 답하기 위해서는 신자 개인이 그리스도교 공동체에 어떻게 관계하고 있는지, 흥미롭지만 매우 중요한 생각을 하게 됩니다.

    우리 대부분은 가톨릭 신자로서 사회에서 보통이라고 생각되는 많은 것들을 해서는 안 되는 것으로 알고 자랐습니다. 초등학교에서 수녀님들로부터 욕이나 나쁜 말을 해서는 안 된다고 배웠고, 그때부터 가톨릭 신자는 결혼하면 배우자와 평생을 함께 살아야 하고 이혼해서 다른 이와 결혼해서는 안 된다고 알고 자랐습니다. 고등학교 시절에는 같은 또래의 학생들이(물론 다른 종교의 학생들이) 자위행위는 물론, 데이트에 나가서 성적 접촉까지 자연스럽게 한다는 사실에 정말 놀랐었습니다. 놀라긴 했지만 가톨릭 신자는 성에 있어서 남들과 달라야 된다고 생각했습니다.

 또 가톨릭 신자는 매주 미사에 가야 하는데, 같은 반에 있는 개신교 신자 아이들은 훨씬 쉽게 신앙생활을 하는 것 같아 부러워하기도 했습니다. 특히 금요일은 신앙심을 공공연히 선포하는 시련과 도전의 날이었습니다. 초등학교 때부터 세뇌를 받아, 금요일에 햄버거(너무나 먹고 싶던)를 먹느니 차라리 죽는 게 낫다고 여겼던 것입니다. 그리고 어릴 때는 몰랐지만 나이를 먹어서야 피임에 대해서도 가톨릭이 다른 사람들과 전혀 다른 입장을 취하고 있다는 것을 알게 되었습니다.

 우선 당장 생각나는 것들은 이 정도입니다. 가톨릭 신자가 된다는 것은 이혼이나 성 윤리, 피임 문제에 대해서 사회와 문화가 취하는 입장에 반대되는 입장을 취하는 것이었습니다. 그러나 이것은 개인적인 것이지 공식적으로 사회에 대항하는 입장은 아니었습니다. 공식적으로 '순교'에 그나마 가장 가까이 다가간 것은 금요일에 친구 집에 초대받아 갔을 때나 공적 만찬 자리에서 고기를 먹지 않는 것이었습니다. 그런 도전에 대해서 저는 성장 환경 덕분에 싸울 준비가 잘 되어 있었습니다.

 쉽게 비웃고 말 수도 있습니다. 그러나 당시 종교 생활에 대해서 비판하기 전에 기억해야 할 점이 있습니다. 우리가 받은 종교 교육이 전부 초등학교에서 고등학교 때까지 받은 것이라는 점입니다. 성 윤리에 대한 과감하고 비타협적인 입장은 당시 주요 이슈였던 인종 차별, 사회 정의, 국제 관계, 환경 문제, 과도한 상업주의, 평화 운동에 비할 바가 못 되었습니다. 그렇지만 아무리 성 윤리가 개인적인 문제라도 자기 입장을 갖기는 쉬운 일이 아니었습니다. 특히 10대의 경우에는 엄청난 내적 힘과 개인적인 용기가 필요한 문제였습니다. 그것이 10대들의 삶에 드러난 신앙의 경험이자 진정한 표현이 아니겠습니까? 신앙은 우리가 처한 실제 상황 속에서 구체적인 행동으로 표현될 때만 확인됩니다. 즉 고등학생이 먼 나라 이야기하듯 평화주의나 국제 관계, 인종 차별에 대해서 자기 입장을 밝힌다고 해서 '진정한' 그리스도인이 될 수는 없습니다. 그것은 어떻게 보면 환상에 불과합니다.

우리가 간과하고 있는 것은 초등학생이나 중·고등학생은 국제 관계나 사회 정의에 대해 진정한 의미의 선택을 할 수 없다는 점입니다. 그 이슈들은 당시 보통의 성인 미국인들이 매일 쓰는 단어 중에도 들지 않았습니다. 그러나 성sex은 우리가 일상에서 쓰는 말 가운데 중요한 일부였고, 윤리적으로 항상 부딪치는 문제였습니다. 모두들 성에 관계된 문제로 항상 고민했고, 유혹을 이겨 내는 데 실패하거나 성공했습니다. 그나마 선생님들께 감사할 점은 적어도 그 당시 우리가 실제로 맞서야 할 문제들에 대해서 가르치긴 했다는 사실입니다. 즉 금요일에 먹어서는 안 되는 햄버거와 학교에서 해서는 안 되는 욕설들, 데이트에 나갈 때마다 꿈틀대는 육체적인 욕망이라는 실제적인 문제들 말입니다. 그런 도전들에 우리가 어떻게 응답하느냐에 따라 우리 삶 속에서 예수 그리스도는 진짜가 되기도 하고 그렇지 않기도 한 것이었습니다.

아주 초보적인 순교 영성이 바로 거기에 있습니다. 우리는 신앙을 부인하기보다는 그리스도를 위해 죽어야 함을 알고, 이때 순교는 현실적인 문제로 우리에게 다가옵니다. 미사에서 복음을 들을 때마다 우리는 십자가와 일상생활에서 겪는 박해가 그리스도인의 삶의 일부라는 것을 알게 됩니다.

마태오 복음은 이렇게 전합니다. "나는 이제 양들을 이리 떼 가운데로 보내는 것처럼 너희를 보낸다. 그러므로 뱀처럼 슬기롭고 비둘기처럼 순박하게 되어라. 사람들을 조심하여라. 그들이 너희를 의회에 넘기고 회당에서 채찍질할 것이다. 또 너희는 나 때문에 총독들과 임금들 앞에 끌려가, 그들과 다른 민족들에게 증언할 것이다."(마태 10,16-18)

마르코 복음에서는 이렇게 말합니다. "누구든지 내 뒤를 따르려면 자신을 버리고 제 십자가를 지고 나를 따라야 한다. 정녕 자기 목숨을 구하려는 사람은 목숨을 잃을 것이고, 나와 복음 때문에 목숨을 잃는 사람은 목숨을 구할 것이다."(마르 8,34-35)

여기서 뭔가 뚜렷하지는 않지만 순교가 우리 삶의 일부라는 것, 모든 이들에게 십자가가 있다는 것을 알게 됩니다. 그러면 어떻게 해야 하겠습니까?

순교라고 하면 뭔가 대단한 것을 생각하기 쉽습니다. 공산주의자들이 정부를 강탈하고 신앙을 불법으로 규정하는 상황처럼 말입니다. 혹은 상상하기 어렵지만, 스스로 강제로 죄를 짓게 하는 경우도 있습니다. 또는 고통스런 육체의 병을 통해서 생활 속에서 십자가를 짊어진다고 생각할 수도 있습니다. 그러한 상황들 속에서 고문이나 아픔을 견딜 수 있는 힘을 달라고 기도하고 순교를 준비하며 살아가는 것처럼 말입니다.

우리는 순교자가 되어야 한다는 사실을 몰랐던 것이 아닙니다. 다만 어떻게 해야 하는 것인지를 몰랐을 뿐입니다. 우리가 몰랐던 것은 복음에 나오는 순교가 우리의 모든 생활 영역에서 그리 멀리 떨어져 있지 않다는 것입니다. 우리는 성관계에 대해서는 엄격하고, 필요하다면 신앙을 위해서 죽을 준비까지 했지만, 매일 우리에게 주어지는 상황 속에서 신앙인으로 살아가는 데는 실패한 것입니다.

이것은 우리를 가르쳤던 교사들의 실패라기보다는 그리스도인 공동체의 실패가 아니었나 싶습니다. 우리는 대체로 말을 통해서 공동체와 사회의 가치에 대해 배우지 않습니다. 대부분의 사람들은 다른 사람이 하는 행동을 보고 배웁니다. 그것은 그들이 하는 말의 진정한 표현이 행동이기 때문입니다. 로욜라의 성 이냐시오는 말했습니다. "하느님 눈에 우리의 말은 오직 행동으로만 가치가 있습니다." 하느님께서 그러하시다면 인간에게도 마찬가지입니다. 우리는 행동하는 것을 믿지, 말만을 믿지는 못합니다.

그리스도교 공동체가 세상과 평화를 이룬다면 그리스도인들은 세상과 그리스도교가 서로 친구라고 믿으면서 자라게 됩니다. 그리고 우리가 속한 사회가 그리스도교의 협력자라고 믿으면서 자라게 됩니다. 그리스도인이 사회에 정면으로 대항하며 살아온 예는 앞서 살펴본 것 외에는 찾아보기 어렵습니다.

십계명에 관련된 일반적인 윤리 규정을 살펴본다면 적어도 이론적으로 이 사회는 그리스도교의 편에 서 있습니다. 사회에서 문제 삼지 않는 것은 우리 양심에도 문제가 되지 않습니다. 일반적인 윤리라는 것은 일반적인 사람들에게 관련된 문제들이기 때문입니다. 결국 이런 보통 사람들이 그리스도인이 되는 것입니다. 명백한 거짓말이나 도둑질, 살인 같은 것은 사회가 단죄하기 때문에 잘못된 것이지만, 똑같은 일들을 사회가 계획하고 용인한 방법으로 세련되게 한다면 우리 마음에 윤리적인 문제로 다가오지 않는다는 말입니다. 선정적인 광고, 눈속임 포장, 불량 식품, 부풀린 가격, 산업공해 등이 그러합니다. 그리고 무력을 기반으로 하는 외교 정책이나 개발 도상국의 군사 독재자 지원 등은 더 이상 윤리적인 문제가 아니라, 단지 통상적인 거래와 정치를 의미하는 것이 되어 버렸습니다.

우리는 인종 차별이 나쁘다고 말합니다. 그러나 우리가 알고 있는 모든 백인 그리스도인들이 이 제도에 찬성했고, 어느 누구도 반대해야 할 일이라고 생각하지 않았다는 것입니다. 우리는 가난이 나쁘다는 것을 알지만, 마치 가난한 사람들이 존재하지 않는 것처럼 살았습니다. 가난한 이들을 위해서는 옷이나 돈을 주거나 시간을 쪼개서 자선 활동을 하면 할 일을 다 한 것처럼 여겼습니다. 그리고 통상적인 정치, 경제, 사회 제도에 대해서 항의하거나 맞선다는 것은 상상도 하지 못했습니다.

어떤 면에서 이런 모습은 오늘도 사실입니다. 자기 부모가 미국의 문화와 사회 풍습에 도전하는 것을 본 적이 없는데 어떻게 고등학생들이 자기들의 문화(청소년 문화)에 그리스도인으로서 대항하겠습니까? 어른들이 다른 어른들이 하는 것처럼 한다면, 자녀들 역시 다른 자녀들이 하는 것처럼 똑같이 행동하리라는 것을 알 수 있습니다. 그러므로 순교의 영성이란 말이 아니라 행동으로 가르치는 것입니다.

우리 시대의 예들

그러나 용감히 일어나 싸워 나간 이들도 있었습니다.

- 정의롭지 못한 전쟁에 참여하기보다는 오히려 감옥에 갈 것을 선택한 많은 그리스도인과 비그리스도인이 있었습니다.
- 시카고의 의사 켈리는 정부에서 허용한 낙태 시행에 따른 세금

을 내는 대신에 가족을 이끌고 아일랜드로 이주했습니다.
- 1974년 대략 5만 명의 사람들이 베트남 전쟁 비용으로 쓰일 연방 세금 납부를 거부했습니다.
- 남부의 한 대학교에서는 일부 교수들이 인종 차별이 아니라 인종 화합을 지지하다가 직장을 잃었습니다. 그리고 많은 이들이 같은 목적을 위해 평화 행진에 참여해, 두들겨 맞거나 목숨을 잃었습니다.
- 북 아일랜드에서 많은 이들이 가톨릭과 개신교의 분쟁을 막기 위해 평화 행진에 참여했고, 양쪽에서 보복을 당하거나 죽임까지 당했습니다.
- 조금 다른 형태의 박해로, 랠프 네이더Ralph Nader의 경우를 들 수 있습니다. 그는 자동차 회사가 사람들의 안전을 무시하고 있다는 정보를 제보해, 개인 생활을 조사당하는 희생을 겪었습니다. 그는 나중에 GM(제너럴모터스사)에 개인 권리의 침해로 소송을 걸어 25만 달러의 보상금을 받았습니다. 만약 그의 사생활에서 어떤 스캔들이 발견되었거나, 법정에서 그 스스로 방어할 능력이 없었다면 그는 거대 기업이라는 골리앗과의 싸움에서 패배했을 것입니다.

이러한 예화들에서 주목할 점은 하나같이 자발적으로 평신도들이 나섰다는 것입니다. 어느 하나 공식적인 교회의 결정을 표현한 것은 없습니다. 단지 표현하고자 했던 가치가 그리스도교적이었을 뿐입니다. 각각의 경우들 모두 구체적인 결정은 개인이 내린 것입니다. 바로 이렇게 되어야 하는 것입니다.

어떤 전쟁이 정의롭든 그렇지 않든, 낙태에 쓰일 세금을 납부하느니 차라리 망명을 택하든 말든, 목숨을 걸고라도 평화 행진을 해야 할 가치가 있든 없든, 그 모든 것은 교회가 대답하지 않거나 대답할 수 없는 문제들입니다. 이처럼 구체적인 현장 속에서 문제들을 결정하기란 결코 쉬운 일이 아니며, 이는 세상의 현실에 깊이 관여해 그 일부분으로 살면서 판단을 내려야 하는 사람들의 몫입니다. 정의롭지 못한 전쟁에 징집되어 가야 할지 말아야 할지는 바로 그 사람 스스로 궁극적으로 하느님의 은총을 찾아 결정해야 합니다. 교회의 가르침이 그를 이끌어 줄 수도 있고, 훌륭한 고해 신부와 영적 지도자가 그의 마음속 동기와 계기를 식별하도록 도와 줄 수는 있습니다. 그러나 아무도 그를 위해 결정을 내려 줄 수는 없습니다. 그것은 그리스도인으로서 스스로 받아들여야 할 자신의 책임입니다.

제2차 바티칸 공의회는 이렇게 가르칩니다. "현세의 시민 생활에 하느님 법을 새기는 것은 이미 올바로 형성된 양심을 지닌 평신도들이 할 일이다. …그러나 평신도들은 자기 사목자들이 언제나 실제로 전문가들이어서 무슨 문제가 생기든 중대한 문제라도 구체적인 해결책을 즉각 내놓을 수 있다거나 또 이를 위하여 사목자들이 파견되었다고 생각하지 말아야 한다. 오히려 평신도들은 그리스도인의 지혜로 빛을 받아 교도권의 가르침을 존경하는 마음으로 새기고 자기의 고유한 역할을 받아들여야 한다."(사목 헌장 43)

그러면 공의회에서 분명히 밝히고 있는 뚜렷하고 분명한 평신도의 역할은 무엇입니까? "평신도는 현세 질서의 개선을 고유 임무로 받아들이고, 그 질서 안에서 복음의 빛과 교회 정신의 인도를 받아 그리스도의 사랑을 실천하며 확고하게 바로 행동하여야 한다. 평신도는 시민으로서 전문 지식과 고유한 책임감을 지니고 다른 사람들과 함께 협력하며 어디서나 모든 일에서 하느님 나라의 정의를 찾아야 한다."(평신도 교령 7)

한마디로, 모든 그리스도인은 예언자로 불림받은 것입니다. 예언자는 구체적인 삶의 현장 속에서 하느님의 말씀을 선포하는 사람입니다. 또한 예언자는 하느님의 말씀을 선포하는 데서 그치지 않고 하느님께서 주시는 지혜로 구체적인 현실과 특정한 상황 속에서 그 말씀을 적용해 나가는 사람입니다.

우리 아버지의 성령

세상 속에서 그리스도인이 된다는 것, 다시 말해 평신도로 사는 것은 가정과 매일의 직장 생활에서 예언자가 된다는 의미입니다. 즉 사람이 생활하는 모든 영역과 일에서 증거하는 예언자가 되는 것입니다. 여기에는 용기와 신중함이 필요합니다.

우리 각자의 삶이 얽혀 있는 세상 속에서 옳고 그름의 가치 판단은 대단히 복잡하고 애매모호합니다. 그런 상황 속에서 평신도는 복음의 가치를 증거하도록 불림을 받은 것입니다. 모든 사람들이 가정생활과 사회생활, 각종 전문·비전문 분야의 직장 생활에서 그리스도인으로 살아가고 응답하기 위해서는 뱀 같은 영리함과 비둘기 같은 순수함이 요구됩니다. "나는 이제 양들을 이리 떼 가운데로 보내는 것처럼 너희를 보낸다. 그러므로 뱀처럼 슬기롭고 비둘기처럼 순박하게 되어라."(마태 10,16)

예수님께서도 이런 상황의 복잡함을 인정하셨습니다. 그래서 그분은 그리스도인 윤리의 일반적인 원칙만을 제시하시고 어떤 획일적인 규칙도 제시하지 않으셨습니다. 예수님께서 구체적이고 세밀한 가르침을 주지 않으신 것은 변화무쌍하고 복잡다단한 세상에서 윤리적인 문제에 그리스도인들이 어떻게 대답할 것인가는 획일적으로 단정할 수 없기 때문입니다. 예수님께서는 우리가 세상에서 그분을 증거하기 위해서 무엇을 말하고 무엇을 해야 할지 미리 걱정하지 말라고 말씀하셨습니다. "사람들이 너희를 넘길 때, 어떻게 말할까, 무엇을 말할까 걱정하지 마라. 너희가 무엇을 말해야 할지, 그때에 너희에게 일러 주실 것이다. 사실 말하는 이는 너희가 아니라 너희 안에서 말씀하시는 아버지의 영이시다."(마태 10,19-20)

이 말은 결코 그 날의 시간을 위해 아무런 준비도 하지 말라는 뜻이 아닙니다. 때가 왔을 때 성령께서 우리에게 말해 주신다는 것은 우리가 먼저 기도하는 사람이어야 한다는 것을 전제로 합니다. 우리의 시간, 우리의 때란 가정에서, 직장에서, 사회적인 책임을 다하면서 구체적인 현실 상황에서 복음을 적용하고 윤리적인 결정을 내리기 위해 매진하는 매 순간을 의미합니다.

우리가 생활 속에서 하느님의 말씀을 깊이 새기는 습관을 가지지 않는다면 우리는 생활 안에 복음의 가치를 결코 적용할 수 없을 것입니다. "마리아는 이 모든 일을 마음속에 간직하고 곰곰이 되새겼다."(루카 2,19)라는 말씀처럼 주변에서 일어나는 일들을 묵상하지 않는다면 이 복잡한 현실에서 우리는 그리스도인으로 살아가는 데 필요한 성숙함과 신중함을 배울 수 없습니다. 올바른 판단은 실패와 과감하고도 새로운 시도 속에서 얻어집니다. 그러므로 평신도는 세상 속에서 어떻게 복음을 적용할 것인지 과감하게 결정을 내려야 합니다. 실패와 성공 속에서 하느님께서 우리 자신을 이끄심을 깨달아야 합니다.

두려움으로부터의 자유

우리가 구체적인 상황 속에서 어떻게 해야 하는지를 잘 보기 위해서는 내적 자유가 필요합니다. 세상에서 자유롭게 된다는 것은 우리 마음속 깊은 뿌리부터 하느님의 왕국을 위해 이 세상을 포기하는 것입니다. 물론 우리는 아직도 세상 속에서 살고 세상의 논리대로 이끌려가지만, 지금 여기서 일어나는 일이 전부가 아님을 알고 있습니다. 우리의 진정한 보화는 하늘에 있기 때문입니다.

설령 이 세상에서 손해를 좀 봤다고 해서 그것이 무슨 죽고 사는 큰일이 아니기에, 우리는 그리스도의 원칙대로 대담하고 멋지게 살 수 있는 것입니다. 우리가 소중히 여기는 보화가 안전하게 숨겨져 있는 토지를 이미 샀기 때문입니다. 지금 우리에게 중요한 것은 이 세상에 살면서 어떻게 효과적으로 그리스도를 증거하고, 동료들과 협력해 사랑의 하느님 왕국을 건설할 것인가 하는 것입니다.

가장 큰 장애는 두려움입니다. 궁극적으로 두려움을 극복하는 길은 우리가 두려워하고 있는 것을 피하지 않고 오히려 껴안는 것입니다. 즉 그리스도인은 십자가를 껴안아야 합니다. 우리는 순교를 우리 이상의 실현으로 봐야지 실패로 봐서는 안 됩니다. 우리는 근본적으로 십자가에서 세상에 대해 죽었고 세상은 십자가에 못 박힌 것입니다(갈라 6.14 참조). 그러므로 우리의 진정한 희망은 하느님 안에서만 안전합니다.

두려움을 극복하는 것은 매일의 싸움입니다. 순교의 영성은 두려움에 대한 지속적인 승리이며 오직 투쟁 속에서만 얻어집니다. 세상 속에서 살아가는 그리스도인들의 진정한 유혹은 '살인하지 마라. 도둑질하지 마라. 간음하지 마라.'와 같이 단순히 세상이 하지 말라는 죄를 짓지 않는 것이 아닙니다. 오히려 그것은 사회와 문화가 승인하는 것을 아무 질문 없이 받아들여 따르는 것뿐입니다. 즉 사회가 합법적이며 국민의 도리를 다하는 것이라고 하면서 불의한 전쟁에 나가 살인을 하라 하고, 회사의 이윤을 위해 도둑질을 하라고 하는 것은 비윤리적인 짓입니다. 이것은 자신의 빛을 밝혀 바구니에 감추어 두고 '악하고 절개 없는 세대'(마태 16,4) 한가운데서 증표가 되기를 거부하는 것입니다. 이것이 바로 우리를 파괴하는 죄들입니다.

그리스도인들이 받는 유혹은 복음의 빛이 개인과 자기 가족들을 넘어서 멀리 미치지 못하도록 복음의 빛을 줄이는 것과 같습니다. 우리가 이렇게 하는 이유 또한 세상 속에서 죄의 힘에 맞서 순교하는 것이 두렵기 때문입니다.

또 우리가 두려워하는 이유는 죄의 힘과 싸우는 유일한 방법은 오로지 져줌으로써 이긴다는 사실을 알고 있기 때문입니다. 우리는 윤리적인 승리를 거두고 육체적인 싸움에서는 집니다. 우리의 영혼과 인격, 양심과 내적 자유를 지키기 위해 지불해야 될 가치는 이 세상에서 우리의 삶을 내주는 것입니다. 우리는 적들에게 재산을 빼앗기고, 우리의 동료는 뿔뿔이 흩어지며, 미래에 대한 희망은 부서집니다. 그리스도처럼 우리도 승리의 시간은 곧 패배의 시간인 것입니다.

순교는 삶의 방식입니다. 그것은 순교 영성이 세상에 살면서 그리스도를 증거하는 평신도 그리스도인의 세속성과 불가분의 관계라는 것을 인정할 때 비로소 이해될 수 있습니다. 평신도는 그리스도인이기에 증거자가 되어야 합니다. 평신도는 순교자입니다. 세상에서 사회의 일부로 살아가면서 세상과 맞서 싸우지 않고는 결코 증거할 수 없기 때문입니다. 세상과 맞서 싸우는 이는 그리스도를 증거하기 위해 값을 치르는 것입니다.

이처럼 세상과의 싸움에서 대가를 치러야 함을 알면서도 위험을 받아들이고 꿋꿋이 과감하게 살아가는 것이 순교의 영성, 곧 위험을 감수하는 영성입니다

예언자, 사제 그리고 왕

그리스도교의 기본 전제는 복음이 바로 이 세상의 뉴스라는 점입니다. 복음은 뉴스입니다. 뉴스가 되기 위해서 예수님께서는 "어제도 오늘도 또 영원히 같으신 분"(히브 13,8)으로, 늘 새로웠듯이 또 새롭고 항상 새로워야 합니다.

그런데 항상 새롭다는 것은 뭔가 달라지는 것이고, 그것은 기존 세력에게는 저항감 같은 것을 불러일으키기 마련입니다. 그래서 그리스도인들은 살면서 항상 반대 받는 표징이 되며, 세상 기득권층의 엄청난 힘에 반대해야 하고 반대를 받는 것입니다.

이것은 그리스도인들이 무엇인가 반대를 하는 것이 가치가 있어서 남들과 다르게 말하는 것이 아닙니다. 순응하지 않는 그 자체는 그리스도교의 이상이 아닙니다. 세상에 비판적이고 부정적인 태도를 취하는 것만이 그리스도인의 특징은 아니라는 것입니다. 그리스도인은 하느님의 진리가 세상이 주는 무엇과도 다르며 더 좋다는 것을 알며, 믿는 이들과 깨어 있는 이들에게 그것은 더 분명하게 드러납니다.

하느님의 진리는 '처음부터 있었지만 항상 새롭습니다.' 그래서 하느님의 왕국에 대해 알고 있는 사람은 자기 곳간에서 "새것도 꺼내고 옛것도 꺼내는" 사람과 같다고 예수님께서 말씀하셨습니다 (마태 13,52 참조). 이것이 교회가 보수적인 동시에 인간이 세운 제도 중 가장 예언적인 이유입니다. 교회는 처음 받은 계시를 믿는 데 게을리하지 않지만, 그렇다고 하느님의 가치와 진리에 관한 인간의 이해가 결코 최종적이라고도 생각하지 않습니다. 세상 사람들이 이해하기 쉽게 설명하자면, 어떤 그리스도인도 기존의 사회 체제에 순응하며 평범하게 살아서는 안 된다는 뜻입니다. 한 사회에서 '일반적'이라고 받아들인 것은 역으로 그리스도교가 도전해야 될, 그리스도인이 넘어서야 될 것입니다. 그리스도인에게 '일반적'이라는 것은 바로 자기 시대에 예언자가 되어야 한다는 뜻입니다. 그것은 경우에 따라서 사회에 맞서는 일입니다. 하지만 그리스도인의 삶은 세상에 맞서는 일만이 아닙니다. 종종 세상을 넘어서야 할 때도 많습니다. 아무리 훌륭한 문화나 문명도 세상은 세상 법에 따라 살게 마련인데, 법이 악법이거나 그리스도교적 가치에 반하지는 않더라도 그리스도교적 가치를 상실했거나 무시하는 경우가 많기 때문입니다.

대부분의 사람들은 직업을 선택할 때 자기가 좋아하는 일을 하면서 생계를 꾸려나갈 수 있기를 바랍니다. 결혼을 할 때도 자기 행복을 추구하면서 가족을 이루는 기대를 합니다. 교우 관계에 있어서도 함께 좋은 시간을 보내고 자기만의 시간을 즐길 수 있기를 바랍니다. 모두 좋은 일이고 바람직한 일입니다. 여기에 어떤 나쁜 것이나 그리스도교를 반대하는 것은 없습니다. 이렇게 사람이 살아가는 일들을 하나하나 살펴보아도 우리가 발견할 수 있는 것은 "생겨라. …하느님께서 보시니 좋았다."라는 창세기의 말씀과 같습니다. 그러나 여기에는 뭔가가 더 있습니다. 예수 그리스도께서는 인간 삶의 모든 부분을 변화시키기 위해서, 즉 인간 존재의 모든 영역과 요소를 변화시키기 위해서 오셨습니다. 복음은 인간의 삶의 영역을 하나도 빼놓지 않고 언급합니다. 그렇기 때문에 복음을 증거한다는 것은 악에 대항하거나 싸우는 것일 뿐 아니라, 악을 선하고 좋은 것으로 변화시키는 것입니다. 이것이 바로 세상을 거룩하게 하여 예수 그리스도 안에서 구속된 창조물로 하느님께 봉헌하는, 모든 이들이 지닌 사제직입니다(콜로새서 참조).

그리스도인은 예언직뿐 아니라 사제직과 왕직으로도 세례 때에 기름부음을 받았습니다. 사제로서 우리의 직무는 이 세상을 하느님 은총의 힘으로 변화시키는 것입니다. 예수 그리스도의 왕직에 참여하는 이들은 "그곳을 일구고 돌볼"(창세 2,15) 뿐만 아니라 하느님 왕국의 협조자로서 세상을 발전시킬 책임도 갖습니다. 예수님께서 말씀하셨습니다. "보라, 내가 모든 것을 새롭게 만든다."(묵시 21,5) 그러므로 세례를 받은 모든 그리스도인은 이 위대한 사명에 불림받은 것입니다. 성령을 받은 모든 이는 성령으로부터 나오는 선물도 갖습니다. 그 선물을 통해 주님께서 다시 오실 때까지 우리의 임무를 수행할 수 있도록 성령의 열매를 받습니다. 우리의 임무는 단지 죄를 피하는 피동적인 것이 아니라, 하느님의 포도밭에서 열매를 맺는 것입니다. 우리는 소심함과 두려움으로 우리의 탈렌트를 땅속에 파묻는 종이 될 것이 아니라, 하느님 나라의 건설을 위해서 모험을 감수해야 합니다. 이 세상에서 그리스도인의 임무는 세상의 빛과 소금이 되는 것이며, 세상의 모든 빵이 하느님께 바쳐질 순수한 제물로 부풀 때까지 그 빵 속에서 일하는 누룩이 되어야 합니다.

 이 같은 그리스도인의 임무를 받아들이는 사람은 단순히 세상에 맞추어 살 수 없습니다. 그들의 경제생활과 가정생활과 사회생활이 하느님의 왕국으로 향할 때 복음의 빛을 통해 얻으면 얻었지 잃을 것이 결코 없기 때문입니다. 하느님 안에서 자신의 가능성을 찾으려고 나아가는 것 외에 더 나은 삶은 있을 수 없습니다. 그러나 세상이 이런 변화에 저항하지 않을 것이라는 말은 아닙니다. 사람들은 타성에 젖어 변화하지 않으려고 합니다. 아무리 인간의 제도가 변화하고 진화하더라도 본래 자기 자리에 머물려는 경향이 있습니다. 그리고 그 타성의 자리는 이 세상이지 하느님 나라를 향한 것이 아닙니다.

세상에서 경제생활을 하면서 바오로가 말한 것처럼 행하기는 결코 쉽지도 자연적이지도 않습니다. "무슨 일을 하든지, 사람이 아니라 주님을 위하여 하듯이 진심으로 하십시오."(콜로 3,23) 바오로조차 그리스도인들에 대해서 다음과 같이 불평합니다. "모두 자기의 것만 추구할 뿐 예수 그리스도의 것은 추구하지 않습니다." (필리 2,21) 경제생활의 일차 목적은 이익을 내는 것입니다. 그런데 이익 창출만이 모든 것에 앞서는 궁극적인 목표가 된다면 문제입니다. 그리스도인은 우선적으로 이익을 내기 위해서 일을 하는 것이 아니라(물론 이익 없이 일을 하다가는 오래갈 수 없습니다), 하느님과 이웃에게 사랑으로 봉사하기 위해서 일을 해야 합니다. 그렇게 하기 위해서는 돈을 벌 수 있는 많은 기회들을 포기해야 될지도 모릅니다. 만약 그런 식으로 남의 회사에서 일을 한다면 오래가지 못할 것입니다. 이것이 바로 순교의 상황입니다. 즉 세상을 넘어서는 가치를 증거하기 위해 손해와 위험을 감수하는 것, 그것이 그리스도인의 모습입니다

사회생활에 있어서 예수님께서 파티를 준비하시는 모습은 우리

에게 놀랍기만 합니다. "네가 점심이나 저녁 식사를 베풀 때, 네 친구나 형제나 친척이나 부유한 이웃을 부르지 마라. 그러면 그들도 다시 너를 초대하여 네가 보답을 받게 된다. 네가 잔치를 베풀 때에는 오히려 가난한 이들, 장애인들, 다리 저는 이들, 눈먼 이들을 초대하여라."(루카 14,12-13) 그러나 잔치를 벌일 때 우리는 보통 사랑을 필요로 하는 사람들을 생각하지 않습니다. 오히려 우리와 함께 잘 즐길 수 있는 사람을 생각합니다. (바로 여기가 주목할 대목인지도 모릅니다. 새롭고 생각하지 못한 방법으로 사람들과 관계 맺는 깊은 기쁨을 발견할 수 있는 대목 말입니다.)

그런데 만약 편한 친구들 모임에 흑인을 끼워 준다면 어떻겠습니까? (당신이 흑인이라면 백인을 끼워 준다고 가정해 봅니다.) 우리는 곧 미국 사회에서 '순교자'의 의미가 무엇인지 알게 될 것입니다. 이것은 다른 친구들이 반대하고 나서기 때문이 아닙니다. 어쩌면 그들은 자신들의 우물 안 개구리 같은 편협함을 깨뜨릴 기회를 준 것에 오히려 감사할지도 모릅니다. 그러나 여전히 시도해 보지 않고는 어떤 결과가 나올지 아무도 알 수 없습니다. 우리는 다른 친구들로부터 따돌림을 당할 수도 있습니다. 이처럼 순교는 모험, 즉 위험을 감수하는 것입니다.

가정생활에 대해서는 간단히 말하기가 쉽지 않습니다. 교황 바오로 6세는 "참된 신학적 성격의 가정이란 바로 가정 교회가 되는 것이다."라고 말했습니다(1974년 4월 성모 축일에 사목적 권고). 즉 예수 그리스도의 교회는 다른 곳이 아닌, 바로 하느님 사람들의 가정 안에서 이루어지고 현존하는 것입니다. 교황 바오로 6세의 설명에 따르면, 가족이 모여 작은 공동체를 이루어 함께 기도하고 하느님을 찬양하지 않는다면 가정 교회가 될 수 없습니다.

사실 이것은 오늘날 미국 문화에서는 가족들이 자발적으로 할 수 있는 일이 아닙니다. 그리스도 가정이 어떻게 살아갈 것인가를 결정하는 것은, 슬픈 일이지만 복음의 가치가 아니라 현대 사회의 유행처럼 어리석지만 많은 사람들이 따르는 시류the trends and currents일 때가 많습니다. 그런데 함께 모여 기도하는 것이 이를 바꿀 수 있다는 것입니다.

바오로 6세 교황은 가족이 함께 모여 무엇인가를 하는 것이, 특히 함께 기도하는 것이 얼마나 어려운지 잘 알았습니다. 그럼에도 그것을 요구한 것은, 지금까지 말한 그리스도인의 순교 정신과 같은 맥락입니다. 현실에 끌려가지 않고 극복하며, 포기하지 않고 노력하는 것이 그리스도인의 특성이기 때문입니다.

'아웃사이더'로 살기

누구든 복음을 진실로 받아들인다면 그는 인간 사회에서 이미 아웃사이더가 되는 것입니다. 물론 어떤 면에서는 그런 사람이 인간 사회나 역사의 발전에 더 깊이 관여할 수도 있습니다. 그리스도인이 자기 삶을 헌신하고 투신할 때마다 세상에 드러난 하느님의 현존, 즉 예수 그리스도의 육화가 계속됩니다. 동시에 그리스도인은 세상에서 사형 선고를 받은 것과도 같습니다. 세상이 자기 삶을 투신하는 그리스도인에게 내어 줄 자리라고는 십자가형이 있었던 성 밖 언덕 위뿐입니다.

그리스도인은 자신의 삶을 바꾸기 위해서 패티 허스트처럼 과격한 방법을 택할 필요는 없습니다. 그리스도인은 이미 세상의 참된 희망이 복음이라는 것을 받아들였고, 그 희망에 자신의 전부를 걸었습니다. 예수 그리스도의 제자직을 택한 이후부터 그들은 자기가 갖고 있는 모든 것(재산이며 우정, 세상에서 평화롭고 평범하게 살 수 있는 모든 가능성까지)을 버리고 새로운 가치와 삶을 택한 것입니다.

그리스도인은 이전의 혁명가들처럼, 이 사회에서 볼 때는 법을 어긴 사람입니다. 하지만 실제로 법을 어기거나 법 밖에서 행동해서가 아닙니다. 그들이 세상의 지배 권력이 받아들일 수 없는 그리스도의 법을 받아들였기 때문입니다. 그리스도인은 세상의 법을 초월해, 더 높고 숭고한 법에 의해 살고자 합니다. 하지만 세상 사람들이 볼 때는 세상의 법 규정 이상의 차원을 살려는 사람들이 법을 깨트리는 사람보다 더 받아들이기가 어려운 법입니다. 스스로를 다른 이들보다 높은 이상을 가졌다고 여기는 이들이 사회에서 경멸하는 범죄자보다 더 사회 안정을 위협하는 존재입니다. 세상은 탕자와는 평화를 이룰 수 있지만 예언자에게는 돌을 던집니다. 그리스도와 바라빠 중 세상이 누구를 택했는지 우리는 잘 압니다.

그런데 과거에도 그리스도교와 문화 사이의 차이가 오늘날처럼 불분명한 때가 있었습니다. 그리스도교가 세상 어디서도 소금의 역할을 다하지 못해, 세상에 예언자적 도전이 있는지조차 보지 못하던 때가 있었습니다. 그러나 깃발은 지금도 여전히 휘날리고 있습니다.

더 이상 우리가 살고 있는 사회와 문화의 가치 체계에 대해 변명할 필요가 없습니다. 닉슨 대통령을 물러나게 했던 워터게이트 사건의 음모자들은 뻔뻔했습니다. 경영주들은 돈을 버는 일에 있어서 무섭습니다. 젊은이들은 부끄럼을 모릅니다. 전쟁은 잔혹합니다. 미국에서는 낙태도 합법적입니다. 음란물은 어디서나 볼 수 있습니다. 상거래는 거짓투성이입니다. 혼외정사가 당연하게 받아들여집니다. 마약은 보통 일이 되었습니다. 정치는 야비합니다. 그리고 이 모든 것을 보기 좋게 덮어씌운 그리스도교라는 포장을 풀어 보니, 안에는 이교도 사회만 남아 있습니다.

참된 '평신도' 영성

그리스도인은 그리스도의 진리와 선하심이 이 세상에 더 이상 받아들여지지 않는다는 사실을 압니다. 그렇다고 해서 세상이 구제불능이라고 보는 것은 아닙니다. 그리스도인은 십자가에서 배척을 받고 돌아가신 예수 그리스도와 함께 이 세상에서 배척과 고통을 달게 받아들일 준비가 되어 있지만, 그렇다고 세상을 희망이 없다고 단정하지는 않는다는 것입니다. 이것이 바로 그리스도인과 정치 혁명가들 사이의 차이입니다. 혁명가들은 자기들이 변화시키려는 대상이 변화를 거부한다고 믿기에, 그 혁명은 절망에 근거하는 것입니다. 혁명가들은 변화시킬 수 없다면 파괴시켜야 한다고 봅니다. 궁극적으로 자신들이 얻을 수 없다면 없애 버리는 것입니다.

그러나 그리스도인들은 파괴가 아니라 구원을 위해 보내진 사람들입니다. 그들은 세상이 구원된다는 것, 구원되었다는 것, 구원되리라는 것을 믿습니다. 그리스도께서 세상을 이겼고 그분이 곧 주님이십니다. 그러므로 그분의 제자들은 이 세상에서 승리가 이미 이루어졌음을 알고 증거합니다. 그 승리가 그것을 받아들이려는 모든 이에게 전파되어야만 하기 때문입니다.

바오로 사도는 모욕과 배척 속에서도 사랑과 증거의 삶을 살면서 모든 그리스도인들에게 하나의 모델이 되었습니다. 여기서 우리가 볼 수 있는 것은 사랑과 희망에 대한 강조이지 세상에 대한 어떠한 단죄도 아닙니다. "우리가 세상과 천사들과 사람들에게 구경거리가 된 것입니다. 우리는 그리스도 때문에 어리석은 사람이 되고… 우리는 약하고… 우리는 멸시를 받습니다. …사람들이 욕을 하면 축복해 주고 박해를 하면 견디어 내고 중상을 하면 좋은 말로 응답합니다. 우리는 세상의 쓰레기처럼, 만민의 찌꺼기처럼 되었습니다. 지금도 그렇습니다."(1코린 4,9-10.12-13)

이것은 현재 상황에 대한 강조이며 항상 현재 진행형이라는 점입니다. 상황은 항상 나쁘지만 역설적으로 언제든지 좋아질 수 있다는 말입니다. 언제나 박해가 있지만 또한 회개도 계속해서 일어납니다. 그리스도는 십자가에서 돌아가셨지만 동시에 새롭고 더 많은 삶 속에서 부활하십니다. 육화의 신비를 받아들인 그리스도인은 바로 자신의 몸과 피를 그리스도의 몸이 되도록 바침으로써, 이 세상 사람들의 가정과 사회, 경제, 정치 등 모든 생활에서 그리스도가 되살아나게 합니다. 이렇게 그리스도인은 자신의 삶 속에서 파스카의 신비를 살아갑니다. 그리고 그리스도의 죽음과 부활의 신비를 매일매일 일어나는 패배와 승리 속에서 경험합니다.

지금이 바로 그리스인들 서로가 서로를 필요로 할 때입니다. 의식하든 못하든 세상은 어느 때보다 우리를 필요로 합니다. 가정과 직장과 정치와 사회생활 등 모든 곳에서 예언자와 사제와 예수 그리스도의 왕직에 참된 협조자를 원하는 것입니다.

그러므로 평신도 영성의 핵심은 어떻게 해야 수사나 수녀들을 닮을 수 있느냐가 아닙니다. 평신도의 영성은 위대한 수도 단체의 영성을 본받아 사제나 수도자를 돕는 사도직을 행해야만 하는 것도 아닙니다. 물론 평신도 재속 단체, 즉 제삼회의 회원이 되는 것이 평신도 영성에 생명력과 활력을 주는 것은 사실입니다. 그러나 평신도 영성의 핵심은 여기에 있지 않습니다. 평신도 영성의 핵심은 매일매일 세상 속에서 예수 그리스도의 제자로서 증거하는 삶을 사는 데 있습니다.

평신도는 파도타기를 배워야 합니다. 영적 생활을 잘하기 위해서 평화롭고 고요하고 잔잔한 물을 찾을 것이 아니라, 오히려 자신의 영성 생활이 항상 거친 파도 속에 있도록 해야 합니다. 즉 어디를 가더라도 세상 속에서 파도를 타는 법을 배워야 합니다. 결혼생활의 기쁨과 슬픔 속에서, 직장 생활 가운데, 사회생활 속에서 세상이라는 파도가 그들을 어디로 이끌든, 그 파도를 잘 탈 줄 알아야 합니다. 그리고 진정한 용기를 지닌 자는 파도가 세고 클수록 더 빨리 해안으로 나갈 수 있는 것입니다.

고독한 증거

우리는 우리 삶에 그리스도교 공동체가 얼마나 필요한지 잘 살펴봤습니다. 공동체가 필요하다는 것은 사실입니다. 동료 형제들의 협조 없이 우리 삶은 지속될 수 없고 많은 것을 성취할 수 없습니다. 우리는 더 많은 공동체를 건설해야 합니다. 우리는 마냥 기다릴 수 없습니다. 그리스도교 공동체는 오로지 홀로 걸을 수 있는 사람, 혼자 힘으로 걸으려고 노력하는 사람, 혼자 걷는 것이 무엇인지를 아는 사람에 의해서만 건설될 수 있습니다. 그리스도교 공동체는 아브라함과 같은 이들이 모인 공동체입니다. 즉 고향과 친척과 자기 부모의 집을 떠나 하느님의 목소리를 쫓아 광야든 어디든 따라나설 수 있는 이들의 공동체인 것입니다. 우리에게는 다른 이들의 도움이 필요하지만 그것이 그리스도를 따르는 데 조건이 될 수는 없습니다. 그분을 따르는 길은 필요하다면 혼자서도 증거해야 하기 때문입니다.

이런 도전을 딛고 일어선 사람, 즉 이 시대의 성자가 있습니다. 그는 오스트리아의 젊은 농부로, 부인과 어린 자녀가 둘 있었습니다. 1943년 2월 그는 히틀러 치하의 독일 군대로부터 징집 명령을 받습니다. 그의 이름은 프란츠입니다. 프란츠는 히틀러를 신뢰하지 않았고 불의한 악인이라고 생각했습니다. 그는 히틀러의 정부 또한 의롭지 않으며, 전쟁도 옳지 않다고 생각했습니다. 프란츠는 그 마을에서 유일하게 나치 독일과 오스트리아의 합병에 반대투표를 한 사람으로, 당시 그 지역에 우박 피해가 심해 독일 정부의 원조를 받을 때도 거절을 할 정도였습니다. 그런 그가 군대에 징집된 것입니다. 프란츠는 양심상 군대에 갈 수 없다고 생각했고, 본당 신부를 찾아가 물었습니다. "제가 독일 군대에 가는 것이 옳습니까?" 본당 신부는 "그렇습니다."라고 답해 주었습니다. 프란츠는 마을 아래쪽에 있는 또 다른 신부에게 갔습니다. 그 신부는 프란츠가 게슈타포의 스파이인지 아닌지 의심하며 마찬가지로 군대에 가라고 대답했습니다. 마지막으로 프란츠는 주교에게 갔습니다. 주교 역시 그에게 히틀러의 군대에 들어갈 것을 권했습니다.

프란츠는 징병 센터로 가서 자신은 양심상 독일 군대에 들어갈 수 없다고 말했습니다. 군대는 호의를 베풀었습니다. 그들은 젊은 농부가 군대에 가기를 거부한 대가로 처형되기를 원하지 않았습니다. 그래서 그에게 변호사를 붙여 주고 그가 의료 부대처럼 사람을 죽이지 않아도 되는 보직을 받게 해 주었습니다.

그러나 프란츠의 문제는 '히틀러가 있는 군대에는 갈 수 없다.'는 것이었습니다. 히틀러는 악인이었고, 그의 정부도 의롭지 못했으며, 그 전쟁 자체가 비윤리적이었기에 그는 그 모든 것과 어떠한 관계도 맺길 원하지 않았던 것입니다. "내가 만약 의료 부대에 가서 군복을 입는다면 그것은 마치 히틀러 정부와 이 전쟁에 동의하는 것처럼 보일 것이고 그렇다면 그것은 거짓입니다." 프란츠의 변호사가 그에게 물었습니다. "독일이나 오스트리아 어디서라도 가톨릭 신자는 전쟁에 협조하거나 군대에 가지 말라고 주교가 사목 교서를 내리거나 강론을 한 적이 있습니까?" 프란츠는 "내가 아는 한 그런 적 없습니다."라고 대답했습니다. "그렇다면 수백만의 독일 가톨릭 신자들이 양심상 아무런 문제도 못 느끼는 것을 왜 당신만 문제 삼고 있나요?" 프란츠는 이렇게 말할 수밖에 없었습니다. "아마 그들은 볼 수 있는 은총을 못 받은 모양입니다. 하지만 나는 하느님의 은총으로 볼 수 있습니다. 그래서 군대에 갈 수 없습니다." 프란츠는 1943년 8월 9일 총살을 당했습니다. 이것이 바로 고독한 증거입니다.*

오늘날 누구도 히틀러의 전쟁이 정의롭지 못했다는 것을 부인할 사람은 없습니다. 하지만 오늘 똑같은 상황에 처한다면 어떤 가톨릭 신자가 프란츠처럼 행동할 수 있겠습니까? 혹 또 다른 히틀러의 군대에 가지는 않을까요?

이 문제를 조금 달리 살펴봅시다. 만약 여러분이 2차 세계 대전 당시에 독일 뮌헨의 배관공이었다고 해 봅시다. 어느 날 정부가 당신에게 뮌헨에서 떨어진 조그만 마을에 있는 캠프에 가서 샤워 시설을 설치하라고 명령했다고 합시다. 그 마을 이름은 다하우Dachau입니다.

그곳으로 간 당신은 정부 기관 대표에게 묻습니다. "수도가 어디에 있는지 알려 주시겠습니까? 그래야 샤워 시설을 연결할 수 있는데요." 그런데 그가 이상한 말을 합니다. "내가 당신에게 조그만 비밀 하나를 알려 주겠는데, 이건 정확히 말해서 진짜 샤워 시설이 아니오. 이곳은 강제 수용소로, 수도는 연결할 필요도 없고, 여기 독가스 탱크에 연결해야 하오. 우리는 모든 죄수들에게 샤워를 한다고 말할 것이고, 그들은 옷을 벗고 평화롭게 독가스가 있는 방으로 들어올 거요. 그럼 우린 문을 걸어 잠그고 가스를 틉니다.

---

*「고독한 증인」(In Solitary Witness, Gordon Zahn, Beacon Press, 1968) 57-58쪽

아주 간단하죠."

이 말을 들은 당신은 어떻게 해야 할지 몰라 이렇게 말할 것입니다. "내가 어찌 해야 되는지 잘 모르겠습니다. 유다인들을 죽이는 일을 도와도 되는지 모르겠습니다." 그러면 그 정부 대표는 "당신은 참 좋은 사람이군요. 하지만 당신에게 몇 가지 충고를 하겠소. 만약 당신이 샤워기를 설치하지 않으면 다른 누군가가 할 겁니다. 어차피 우리에게 그건 큰 문제가 아니오. 하지만 내가 상부에 당신이 이 일을 거부했다고 하면 아마 당신은 이 샤워장으로 들어가는 첫 번째 사람이 될 것이오. 저기 가서 가만히 생각해 보시오. 그리고 집에 가서 본당 신부에게도 물어보시오. 내일 다시 와서 나를 만나시오." 그래서 당신은 집으로 돌아와 본당 신부에게 묻습니다. 그럼 본당 신부는 당신에게 뭐라고 할까요?

이것이 바로 고전적인 윤리 문제입니다. 첫째는 '구체적인 악' formal evil, 즉 스스로 악한 행위를 하는 것이고, 둘째는 악에 '물질적으로 협조하는 것' material cooperation, 즉 다른 사람이 악을 행하도록 돕는 것입니다. 누군가를 쏘아 죽이는 것은 분명 악입니다. 그런데 누군가에게 총을 파는 일은 그 총으로 다른 사람을 쏠 것을 알면서 팔았으므로 물질적으로 협력한 것이 됩니다.

이에 대해 윤리학자들은 다음의 세 가지 조건에 해당될 때 물질적으로 악에 협조해도 잘못이 아니라고 말합니다. 첫째는 내가 하지 않고, 하길 원하지도 않고, 어떤 실제적인 악을 나 스스로 어떤 형태로든 하지도 원하지도 않을 때입니다. 둘째는 협력하기를 거절해 악이 행해지는 것을 멈추게 할 수 없을 때입니다. 셋째는 협력하지 않으면 나도 엄청난 해를 입게 될 때입니다.

그래서 본당 신부는 아마도 당신에게 이렇게 말할 것입니다. "자네는 스스로 죄를 짓는 게 아닐세. 자네는 누구도 죽이는 게 아니야. 자네는 아무도 죽이기를 원치 않아. 자네는 단지 파이프만 연결하는 것이지. 그리고 자네가 안 하면 그들은 다른 누군가를 불러서 연결할 것이고 자네를 죽일 것이네. 그러니 자, 가서 파이프를 연결하게. 그리고 일하는 동안 거기서 죽을 사람들에 대해서 기도하게나."

그렇게 해서 결국 당신은 샤워 파이프를 연결할 것입니다. 이것이 바로 히틀러 치하의 독일에서 많은 가톨릭 신자들이 한 일입니다. 개신교 신자도 그랬고 다른 그리스도인들도 마찬가지였습니다. 물론 위에서 말한 프란츠나 본회퍼, 아우슈비츠에서 한 젊은 이를 대신해 죽은 막시밀리안 콜베 신부와 같은 예외도 있었습니다. 하지만 히틀러 정권에 대항해 감옥에 갇힌 수천 명의 그리스도인들은 당시 독일 인구의 대부분이 그리스도인이었다는 사실을 감안하면 극소수에 불과할 뿐이었습니다. 유럽 전체를 전쟁으로 몰아넣은 히틀러는 잔혹하게 6백만 명에 가까운 유다인을 죽였습니다. 그리고 그것이 가능했던 것은 바로 '물질적인 협력'의 악이었습니다.

증거, 유일한 선택

만약 모든 사람들이 히틀러 정권에 반대했었다면 그의 통치와 전쟁은 그 자리에서 멈췄을 것입니다. 사람들이 움직이지 않고 세금을 내지 않고 입대를 거부했다면 모든 것이 멈추었을 것입니다. 히틀러가 그 많은 사람들을 다 죽일 수는 없었을 것입니다. 그렇다면 전쟁도 없었을 것입니다.

여기서 말하려는 것은 정당이나 지하 단체와 같은 조직적인 저항이 아닙니다. 당시 게슈타포는 그러한 단체들이 생기기도 전부터 잡아냈었습니다. 여기서 말하려는 것은 프란츠의 실천입니다. 물론 3천만 명이 자발적으로 협력하기를 거부했다면, 즉 3천만 명의 그리스도인이 자기 양심에 따라 다른 누가 자신에게 동조할지 어떨지 알지 못하면서도 히틀러에게 협력하기를 거부했다면 분명 엄청난 효과가 있었을 것입니다. 하지만 핵심은 그것이 아닙니다. 우리는 정치적인 힘의 효율성에 대해 따지기를 좋아합니다. 3천만 명 한 사람 한 사람이 악에 협력하느니 차라리 죽기를 택할 때 엄청난 힘을 지닌 듯 보이기 때문입니다.

그러나 순교는 정치적인 힘과 같지 않습니다. 물론 모든 사람들이 정치적인 힘을 행사하고 싶어합니다. 그리스도인도 모든 합법적이고 정치적인 수단을 사회 개혁에 사용해야 합니다. 그것이 바로 평신도 사도직의 주요 요소이기 때문입니다. 그러나 우리는 이미 힘의 사용이 어떤 것인지 알고 있습니다. 여기서는 그것과는 다른, 우리가 지금까지 충분히 이해하지 못한 점을 살펴보려고 합니다.

예수님께서는 정치적인 힘을 이용해 사회 구조를 변화시키라고 우리를 파견하신 것이 아닙니다. 물론 변화시키기를 원하십니다. 그러나 복음에서 말하는 것은 증거이며, 이는 그리스 말로 순교를 뜻합니다. 초대 교회 신자들이 순교자가 된 것은 자신들이 믿는 것을 증거했기 때문입니다. 그들은 목숨까지 바쳤습니다. 그들은 무엇을 이루어 내서, 어떤 성과가 있어서 성인이 된 것이 아닙니다. 그들은 자기들의 피로 로마 제국을 멸망시키려고 한 것도 아닙니다. 그들은 단지 악에 협력하기를 거부하며 예수 그리스도를 증거하고자 했고, 그에 따른 값을 치른 것입니다. "정녕 자기 목숨을 구하려는 사람은 목숨을 잃을 것이고, 나와 복음 때문에 목숨을 잃는 사람은 목숨을 구할 것이다."(마르 8,35)

그리스도교가 무엇에 관한 것이냐고 묻는다면 그 대답은 증거라는 말입니다. 그것이 우리가 세상에서 살아가는 참된 의무, 즉 그리스도를 증거하는 것입니다. 예수님께서도 인간을 향한 하느님의 사랑을 드러내셨고, 당신의 사랑을 나눠 주셨으며, 모든 사람들을 통해 아버지를 향한 사랑을 드러내셨습니다. 요한 묵시록에서는 예수님을 "성실하시고 참되신 분"이라고 했습니다(묵시 19,11).

예수 그리스도의 진리를 위해서, 그리고 자기가 믿는 바를 증거하기 위해서 목숨까지 바치는 사람은 자기 삶의 진정한 목적을 이룬 것입니다. 모든 것을 바칠 각오를 하고 어떤 위험도 감수하며 증거한다는 것은 곧 순교의 삶을 사는 것이며, 바로 이것을 위해 그리스도인들은 불림받은 것입니다.

우리의 것이라고 해 봤자 모두 정해진 시간 안에 제한된 것뿐입니다. 반면 우리가 그리스도를 위해 잃는 것은 영원히 우리의 것이 됩니다. 성공이나 생존이 아니라 증거하기 위해서 우리는 불림받은 것입니다.

그리스도인들은 이렇게 살도록 불림을 받았습니다. 복음에서도 예수 그리스도를 따르려면 반드시 세상 모든 것을 버리라고, 심지어 생명까지 버리라고 말합니다. 우리가 십자가를 질지 말지는 선택이 아니라는 것입니다. "누구든지 내 뒤를 따르려면 자신을 버리고 제 십자가를 지고 나를 따라야 한다."(마르 8,34) 그러므로 우리의 유일한 선택은 십자가에 달리는 것뿐입니다.

> 세상에서 살면서 우리가 가진 모든 것을 거는 것입니다.
> 세상을 떠나면서 우리가 가진 모든 것을 포기하는 것입니다.

종교 생활은 자발적이며, 심사숙고해서 나온 포기의 삶입니다. 평신도의 삶은 지속적이고 예측된 위험을 감수하는 삶입니다. 수도자들은 실제적이며 직접적으로 세상을 포기함으로써 신앙을 증거합니다. 그들은 세상에서 자신의 소유를 버렸으니 효과적으로 effectively 포기한 것입니다. 하지만 평신도는 삶을 통해서 간접적으로 세상을 포기하며 증거합니다. 즉 자신이 가진 모든 것을 걸고서 세상과 비타협적으로 복음을 살기 위해 열정적으로 affectively 포기하는 것입니다. 이것이 같은 십자가의 두 가지 다른 측면이라고 볼 수 있습니다. 그렇게 해서 수도자와 순교자는 함께 십자가에 매달리는 사람들입니다.

만약 세상 속에서 평범하게 살아가면서도 훌륭한 그리스도인이 될 수 있다는 생각을 고수한다면 우리는 평신도 영성을 잘못 이해한 것입니다. 그렇지 않습니다. 그렇다고 해서 세상을 떠나 가족과 사회, 직업을 포기하고 수도승이 되라는 말이 아닙니다. 물론 수도자 영성도 하나의 선택은 될 수 있습니다. 그러나 정작 우리가 마음속에 가져야 할 원칙은 세상에 남아서 순교자가 될 각오로 모든 것을 거는 평신도 영성입니다.

오늘날 독일 나치는 없지만 당신은 지금 이곳의 배관공입니다. 파이프를 연결하도록 불려 왔습니다. 일을 하면서 상관에게 묻습니다. "저기, 우리가 뭘 세우고 있는 거죠?"

이번에는 낙태 시술소입니다. 당신은 양심의 가책을 느낍니다. 낙태를 옳다고 생각하지 않기 때문입니다. 그래서 그런 일은 못하겠다고 상사에게 말한다고 생각해 보십시오. 그러면 상사는 말할 것입니다. "자네는 원하는 대로 할 자유가 있네. 자네 말고도 일할 사람은 많네. 자네처럼 언제 일을 할지 못할지 모르는 사람과는 일할 수 없네. 일하기 싫으면 그만두게. 하지만 오늘 이 일을 못한다면 다시는 돌아오지 말게." 그럼 당신은 어떻게 하겠습니까?

자, 두려워하지 마십시오.

시작의 첫발

마치는 글
저기 그분이 가신다

　이 책이 사막에서 외치던 세례자 요한의 소리처럼 들리지 않기를 바랍니다. 세례자 요한은 예수님께서 자기 쪽으로 오시는 것을 보고 "보라, 세상의 죄를 없애시는 하느님의 어린양이시다." 하고 외쳤지만 정작 그분이 지나가실 때는 아무도 돌아보지 않았습니다. 그런데 한편으로는 이 책 안에 세례자 요한이 그랬듯이 무언가 여러분을 당황하고 놀라게 하는 것이 있기를 바랍니다. 어쩌면 이 책이 여러분의 영혼을 흔들어 놓기를 바라는지도 모르겠습니다.

　종교적 가르침이 고통받는 사람만 위로하고 마음이 편한 사람들은 뒤흔들지 못한다면 별로 가치 있다고 할 수 없습니다. 복음이 진정한 기쁜 소식처럼 들리지 않아 괴로웠던 이에게 이 책이 위로가 되기를 바랍니다. 또 주님과의 관계에서 편안히 안주한 이가 이 책으로 인해 오히려 갈등하게 되기를 바랍니다. 갈등 속에서 회개가 이루어지고, 회개를 통해서 주님께 나아갈 수 있기 때문입니다. 아직도 쓰고 싶은 이야기가 참 많습니다. 예를 들면, 어려움 속에서의 응답, 주님을 믿기 전과 후, 순교의 길을 감수하면서 주님을 신뢰하는 것(마태 6,25-34 참조), 사람이 죽고 나서의 심판은 그가 저지른 죄에 근거하지 않고 그가 맺었거나 맺지 못한 열매에 따른다는 것, 초보자들이 가진 영성 생활에 대한 환상들, 깊은 영적 경험이 있는 사람들이 갖게 되는 영성 생활에 대한 오류 등등. 그러나 이런 주제들에 대한 책은 앞으로 주님께서 허락하실 때까지 기다려야 할 것 같습니다. 영성 생활로 나가는 길은 많습니다. 이 책은 여러분이 어디선가 시작을 할 수 있도록 도울 뿐입니다.

그런데 정말 이 책이 그런 일을 했는지는 잘 모르겠습니다. 쉽고 단순한 세 단계, 즉 기도와 회개와 공동체를 통해 예수님과의 개인적인 만남을 제시하고자 노력했는데, 혹시 여전히 여러분을 방황하게 한 것은 아닌지 걱정입니다.

어쩌면 회개의 예로 들었던 패티 허스트처럼 여러분도 그런 과감한 결정을 해야 한다고 생각했을지도 모릅니다. 그리스도교의 원칙을 사회 문제에 적용하는 일에 있어서 어디서부터 시작해야 할지 너무 복잡하고 광범위하게 느껴질지도 모릅니다. 그래서 순교라는 것이 너무 힘들고 어려운 결정으로만 들릴지도 모릅니다. 그러나 기억해 봅시다. 우리가 꼭 거기서 시작할 필요는 없습니다.

우리는 단지 여기서 첫발을 내딛기만 하면 됩니다. 어떤 신앙의 응답에도 시작, 첫발이 있는 법입니다. 하느님께서는 우리에게 어디로 가야 할지를 가리켜 주는 지도를 주시지 않았습니다. 그분은 단지 우리와 함께 가십니다. 낮에는 구름기둥으로, 밤에는 불기둥으로 함께해 주십니다. 그분은 우리가 아브라함처럼, 별을 쫓던 지혜로운 현자들처럼, 요르단 강에서 예수님 뒤를 쫓던 요한과 안드레아처럼 당신을 향해 첫발을 내딛기를, 그분이 어디로 이끄시든 과감히 따르기를 바라십니다.

만약 지금 어디로 가고 있는지 모르겠다면 하느님께서 원하시는 것에 초점을 맞추면 됩니다. 그것이 바로 그분의 길을 걷는 유일한 방법입니다. 이 책은 개인적인 생활이나 사회생활의 모든 면에서 구체적인 행동 지침을 주려는 책이 아닙니다. 어떻게 먹고 마셔야 되는지, 어떻게 입고 운전하고 일해야 되는지, 놀아야 되는지, 살아야 되는지를 제안하는 책이 아니라는 말입니다. 또 이 사회를 변화시키는 프로그램을 제공하지도 않습니다. 이 책은 단지 우리 삶 속에 드러나 있는 하느님의 가치를 강조할 뿐입니다. 그리고 어떤 구체적인 선택을 강요하지도 않습니다. 예외가 있다면 성경을 읽고 기도하라는 것뿐입니다. 오직 하느님만 우리가 무엇을 해야 하는지 정확하게 아시기 때문입니다.

복음에서 어떤 부인이 자기 딸에게서 마귀를 쫓아내 달라고 애원하며 예수님 뒤를 종일 쫓아다닙니다. 그녀는 유다인이 아닌 이방인, 즉 가나안 사람이었습니다. 그래서 예수님께서는 그녀를 무시하셨습니다. 그 부인이 제법 오랫동안 시끄럽게 굴었지만 예수님은 대답하지 않으셨습니다. 심지어 제자들이 예수님께 그녀가 원하는 것을 줘서 보내 버리시라고 말할 정도였습니다. 예수님께서는 듣기에 거북하고 무례할 정도의 응답을 하십니다. "자녀들의 빵을 집어 강아지들에게 던져 주는 것은 좋지 않다."(마태 15,26) 그러나 예수님은 모든 것을 잘 알고 계셨고, 그 부인은 굉장히 강한 자신감을 갖고 있었음에 틀림없습니다. 예수님의 말씀에도 그녀는 물러섬 없이 말합니다. "주님, 그렇습니다. 그러나 강아지들도 주인의 상에서 떨어지는 부스러기는 먹습니다."(마태 15,27) 그래서 예수님께서는 그 딸을 치유하십니다. "아, 여인아! 네 믿음이 참으로 크구나. 네가 바라는 대로 될 것이다."(마태 15,28; 마르 7,29)

예수님께서 방금 무엇을 하셨는지 보입니까? 예수님은 간접적인 방법으로 그녀가 유다인의 종교 안에서 신앙 고백을 하게 하신 것입니다. 예수님께서 자녀들의 음식이라고 말씀하실 때 그녀는 그 말을 문화적인 차별로 보고 가나안 사람이 유다인보다 못한 게 뭐가 있냐고 항의할 수도 있었습니다. 그러나 그녀는 그러지 않았습니다. 그녀는 문화적인 차이가 있더라도 유다인들이 선택된 민족으로 뽑혔다는 것을 사실로 받아들였습니다. 그리고 그들이 참된 말씀을 갖고 있고, 참된 하느님의 계시를 갖고 있다는 것을 받아들인 것입니다. 바로 이러한 신앙 고백이 예수님께서 요구하신 전부입니다. 예수님은 우리라면 당연히 했을, "그렇다면 유다인 종교로 개종해라. 유다인처럼 되어라."라는 요구 같은 것은 하지 않으셨습니다. 거기에는 많은 문화적인 차이가 있었기 때문입니다. 게다가 이제 하느님의 계시는 어느 한 민족에 국한되지 않고 온 세상에 선포될 때가 온 것입니다.

하느님의 빛이 이방인들에게도 주어졌습니다. 그래서 예수님께서는 그녀의 대답에 만족하시며 그녀를 있는 그대로 놓아두십니다. 바로 이것이 주님께서 우리에게 하시는 것입니다. 하느님은 우리를 어떻게 다루어야 하는지 잘 알고 계십니다. 그분은 우리에게 주어진 순간 이상의 것을 절대 요구하시지 않습니다.

그러므로 주님께서 우리에게 요구하시는 것 이상의 것을 우리도 스스로에게 요구하지 맙시다. 존 울만이 개종시키려고 했던 사람들에게 자비로운 태도를 취했듯이 우리도 그런 자비로움이 있어야 합니다.

"나는 경험 속에서 잔잔하게 활동하는 진리에 맞추어 걷는 방법을 찾았습니다. 주님의 참된 종에게 필요한 것은 지나치지 않고 필요한 만큼 열어 주시는 진리의 활동인 것입니다."(『존 울만에 관한 저널』에서)

자, 기도를 시작합시다. 어떻게든 우리의 삶을 바꿀 수 있는 환경에 도달할 때까지 성경을 읽고 묵상하면서 시작합시다. 대단한 것이든 사소한 것이든 상관없습니다. 변화를 위하여 꾸준히 노력하는 것입니다. 그러면 그리스도께서 그 다음 것을 보여 주실 것입니다.

첫발을 내딛읍시다. 우리가 어디로 가게 될지 아무도 말해 주지 않습니다. 공이 우리 앞에 떨어졌습니다. 하느님 안에서 용기와 신뢰를 가집시다. 순교는 절대 그렇게 나쁜 게 아닙니다. 우리가 익숙해지기만 하면 그렇게 안 좋은 게 아닙니다.

"내가 세상에 평화를 주러 왔다고 생각하지 마라. 평화가 아니라 칼을 주러 왔다."(마태 10,34)

옮긴이의 말

나는 한국에서 4년, 미국에서 4년 신학 교육을 받고 서품을 받았다. 그래서 나는 완전히 미국 신부도 아니고 완전히 한국 신부도 아니다. 미국 신부들은 나보고 한국적이라 하고, 한국 신부들은 나보고 미국물이 들었다고 한다. 두 개의 문화와 교회 사이에 끼여서 이것도 아니고 저것도 아닌 묘한 사제 삶을 살게 되었다.

사목도 이때는 한국식, 저때는 미국식으로, 나 편리한 대로 왔다 갔다 해서 나도 헷갈린 적이 많다. 그처럼 양쪽에 끼여 헤매는 나에게 꾸르실료 교육은 새로운 신앙과 실천의 지평을 열어 주었다. 꾸르실료를 받으면서 나는 예수님의 제자로서의 나 자신을 새롭게 자각하고 사제상을 새롭게 정립하게 되었다.

데이비드 나이트 신부님은 미국 꾸르실료의 대부로 불리는 분이시다. 그분은 실질적이고 신자들의 삶에 꼭 필요한 글들을 많이 쓰셨다. 나 또한 그분의 글을 좋아했고 영성 생활에 큰 도움을 받았기에 한국 독자들에게 이 책을 소개하게 되었다. 미국에서 열성적인 한인 꾸르실리스타들을 많이 보신 나이트 신부님도 당신 글이 한국어로 번역되는 것에 매우 기뻐하셨다.

내가 개인적으로 당신의 책을 번역하겠다고 했더니, 그분은 몇 해 전 전미全美 꾸르실료 대회에서 조민현 신부가 자기 책을 번역한다고 선포해 버리셨다. 그만큼 기뻐하셨던 것이다. 내가 그분의 책을 다 번역해 한국 독자들에게 전하겠다고 하니 당신 평생 최고의 기쁜 소식이라고 감사해 하셨다. 신부님이 팔순을 넘기셔서 연세가 높으시고 책의 출판이 늦어져서 안타까웠는데 드디어 책이 나오니 참 기쁘다. 생각 같아서는 테네시까지 날아가 책을 보여 드리고 싶다. 앞으로도 많은 이들에게 정말 기쁜 소식이 될, 그분의 책을 번역해서 소개하고 싶다.

이 책을 통해 모든 분들이 예수님의 참다운 제자로 다시 태어나기를 바란다.

나는 가톨릭 신자입니다

글쓴이 : 데이비드 나이트
옮긴이 : 조민현
펴낸이 : 서영주
펴낸곳 : 성바오로
주소 : 서울 강북구 오현로7길 20(미아동)
등록 : 7-93호 1992. 10. 6
교회인가 : 2011. 7. 20
1판 1쇄 : 2012. 8. 15
1판 2쇄 : 2013. 11. 20
SSP 952

취급처 : 성바오로보급소
전화 : 9448--300, 986--1361
팩스 : 986--1365
통신판매 : 945--2972
E-mail : bookclub@paolo.net
http://www.paolo.net

값 15,000원
ISBN 978-89-8015-798-3